KINDERS IN DIE BYBEL

KINDERS IN DIE BYBEL

TJAART KRUGER

CruGuru

Eerste uitgawe 1980 deur Boekhandel De Jong (Edms.) Bpk.

Hierdie uitgawe uitgegee deur CruGuru in 2021

www.cruguru.co.za

Johannesburg, Suid-Afrika

VOORAF

Sommige van die hoofstukke het in Die Slingervel verskyn. Op versoek het ek besluit om dit uit te brei en in boekvorm uit te gee.

My hartlike dank aan prof P W Buys vir toestemming om die gedeeltes wat in Die Slingervel verskyn het hier op te neem.

My grootste dank aan die Here wat aan my die krag en genade verleen het om hierdie boek te kan skryf. Mag ons kinders ook so opgevoed word dat hulle lewens 'n lewe is tot eer van Ons Here Jesus Christus, maar bowe-al mag ook kinderstemme opklink wat Sy lof en eer sal besing.

Die skrywer

Inhoud

1. KAIN

HY is die eerste kind wat op hierdie aarde gebore word. Sy naam beteken eintlik "aanwins" of "besit".

Toe Kain gebore is, moes sy ouers, Adam en Eva, seker nog met groot verlange en droefheid teruggedink het aan die paradys wat hulle deur hulle moedswillige ongehoorsaamheid verloor het. Hulle moes seker ook daaraan gedink het hoe lekker en aangenaam elke dag in die paradys was. Hulle het hulself seker dag na dag verwyt omdat hulle na die leuens van die duiwel geluister het. Elke dag in die paradys was 'n wonderskone dag sonder enige moeite en verdriet en enige bekommernis.

Toe hulle uit die paradys verdryf is, het die Here aan hulle beloof dat Hy iemand sal gee wat die paradys weer aan hulle sou teruggee. Hierdie gedagte het by hulle bly vassteek en hulle het gedurig daaraan gedink. Heelwaarskynlik het hulle gehoop dat dit ook binnekort sou gebeur.

Toe Kain dus gebore is, het sy moeder seker dadelik gedink; hier is nou die beloofde verlosser wat die kop van die slang sal vermorsel en die duiwel sal terugbetaal vir al sy leuens waarmee hy hulle in versoeking gelei het. Hy is die een wat die Here aan ons beloof het, maar uit die latere geskiedenis van Kain en by die geboorte van Abel, sien ons dat Eva agtergekom het dat sy heeltemal verkeerd was in haar verwagtings. Kain was nie die kind wat die verlosser sou wees en hulle lewe weer sou maak soos dit voor die sondeval was nie. Kain is beslis nie die soort kind wat sy verwag het hy sal wees nie.

Uit die latere geskiedenis van Kain en Abel sien ons dat Kain 'n baie selfsugtige kind was. Hy het nie veel vir sy ouers, sy broers en selfs vir die Here omgegee nie. Hy het altyd net sy eie belange en voordeel gesoek. Solank hy net altyd die beste daaraan toe was, was Kain 'n gelukkige kind. Ek stel my voor dat as hy nie sy sin gekry het nie, hy nukkerig en onbeskof was, want toe hy merk dat Abel se offer aangeneem is en syne deur God verwerp was, was hy afgunstig en jaloers op Abel. Boonop was hy nukkerig, want ons hoor hoe die Here aan hom sê, "Waarom is jy kwaad, en waarom laat jy jou hoof hang?" Nou sien ons waartoe afguns en jaloesie 'n mens kan dryf. Kain is so nukkerig dat hy uit afguns en jaloesie selfs sover gaan om sy broer Abel dood te slaan. So word hy die eerste moordenaar op aarde.

Nukkerigheid, jaloesie en afguns is seker van die gruwelikste sondes wat daar kan wees. Dit maak van 'n mooi kind 'n lelike kind. 'n Lelike geaardheid kan 'n mooi voorkoms bederf. Dit is dan ook geen wonder dat sy ouers teleurgesteld was in hom nie, want 'n jaloerse en afgunstige persoon gun sy medemens niks. 'n Jaloerse en afgunstige persoon is nie bly oor sy medemens se sukses en voorspoed nie. Hy is nukkerig en onvergenoegd daaroor. Die afgunstige persoon wonder altyd hoekom ander mense sukses behaal en hy nie. Dit is dus nodig dat ons altyd die ontleedmes op onsself sal gebruik. Reeds van jongs af moet ons leer om onsself en ons eie karaktertrekke te ondersoek en te kyk tot watter mate dit 'n ontsiering vir ons persoonlikheid is. Daar moet die vaste voorneme wees om dit deur die genade van die Here te probeer verbeter.

Behalwe sy jaloesie, afguns en nukkerigheid is daar nog 'n karaktertrek wat uit Kain se lewe na vore kom. Dit is die feit dat hy nie veel vir die Here omgegee het nie. Kain se hart het nie juis gebrand van liefde vir die Here nie. O ja, hy wou baie graag hê dat die Here hom moes seën en aan hom voorspoed en sukses moes gee. Hy wou baie dinge van die Here hê. Inteendeel, hy het alles van die Here verwag, maar hy was nie bereid om iets aan Hom terug te gee nie. Kain was dus nie net selfsugtig, afgunstig en nukkerig nie, maar hy was ook 'n ondankbare kind.

As 'n mens die Here waarlik liefhet, sal jy nooit vra: "Wat kan God aan my gee?" nie. Baie grootmense en kinders neem die woorde van Christus waar Hy sê dat wat ons ook al van die Vader in sy Naam vra, sal Hy aan ons gee, verkeerd op. Hulle meen dat Christus hiermee bedoel het dat ons maar vir enigiets kan bid, dan word daar gewoonlik gebid vir sukses, voorspoed en rykdom. Dit is nie wat Christus bedoel nie. Ons moet van die Here die dinge vra wat ons nodig het om in sy diens te gebruik.

As ons die Here waarlik liefhet, sal ons bereid wees om alles aan Hom te gee. Ons sal bereid wees om ons tyd en ons geld aan die Here te offer. Die Here gee so baie aan ons. Hy gee ons kleding, gesondheid, lewenskrag en nog so baie ander dinge en ons is so geneig om al die dinge as vanselfsprekend te aanvaar.

Swak katkisasiebywoning en swak kerkbesoek is 'n bewys van 'n gebrek aan liefde vir God.

Ek dink Kain was 'n mislike kind. Waar kom ek daaraan? Omdat 'n mens sy natuur behou. Die karaktereienskappe wat jy as grootmens openbaar en dan veral die swak karaktereienskappe, was reeds by jou as kind aanwesig. Slegte gewoontes word nie maklik afgeleer nie. Tensy jy tot God bid en krag en genade vra om daarteen te stry en dit te oorwin. Deur die genade van Jesus Christus kan jy dit oorwin.

Wat die Here aan Adam en Eva gesê het van die Verlosser wat sou kom, het hulle seker ook aan Kain meegedeel. Dat Kain nie veel hiervan geglo het nie sê Hebreërs 11:4 aan ons. Kain se hart was nie reg nie. Ons moet alles glo wat God aan ons beloof het, al lyk dit soms vir ons so onmoontlik en so ver weg. Ons mag nie twyfel nie.

2. ABEL

DIE naam Abel beteken "ydelheid". Hoekom Adam en Eva hierdie kind van hulle so genoem het, kan ons nie met absolute sekerheid vasstel nie.

Dit kon miskien gewees het omdat hulle met Kain teleurgesteld was. Miskien het hulle Kain se jaloerse en afgunstige geaardheid opgemerk. Miskien het hulle opgemerk dat hy nie so 'n Godvresende kind is nie en dat hy ook nie veel vir God en sy diens omgegee het nie. In die naam Abel sien ons dat hulle teleurgesteld was omdat Kain nie die beloofde Verlosser was, soos hulle verwag het nie. Dalk het hulle gedink dat God sy beloftes aan hulle vergeet het.

Abel se geaardheid was die teenoorgestelde van Kain. Waar Kain nie so 'n wonderlike gelowige was nie, noem Christus vir Abel regverdig (Matt 23:35). Ook die skrywer van die brief aan die Hebreërs noem hom so (Hebr 11:4).

Wat beteken dit as die Here vir Abel regverdig noem? Wat is 'n regverdige mens?

'n Regverdige mens is iemand in wie daar nie onreg is nie. Hy is nie iemand wat leuens vertel nie. Hy is nie 'n grootprater of iemand wat beloftes maak wat hy nooit van plan is om na te kom nie. Hy is iemand wat die Here liefhet en wat in sy swakheid probeer doen wat die Here van hom vra en eis. Hy vrees die Here en wat die Here beloof het, aanvaar en glo hy sonder enige voorwaardes.

Waar Kain selfsugtig was en alles net in sy eie belang gedoen het, was Abel onselfsugtig. Ons sien dit uit die offers wat hy en Kain aan die Here gebring het toe hulle grootmense was. Abel was 'n veeboer. Hy het met skape en bokke geboer en miskien het hy nog ander vee ook gehad. Toe hulle gaan offer, bring Abel van die eersgeborenes van sy vee en hulle vet. Nou sal iemand dadelik vra: "Maar wat het hierdie hele offerbesigheid te doen met Abel se onselfsugtigheid toe hy nog 'n kind was?" In die ou tyd was daar nie geld soos vandag nie. As jy 'n veeboer was, was jou vee van jou kosbaarste besittings, daarom was die eersgeborenes van jou kleinvee en hulle vet baie kosbaar. Die van julle wat op plase grootword, sal weet dat dit vandag nog so is. 'n Maer dier wat net vel en ribbes is, is nie veel werd nie. So 'n dier behaal dan ook 'n baie swak prys op die mark. Mense koop nie graag 'n maer dier nie, maar 'n vet dier is baie meer werd. As 'n dier in 'n baie goeie toestand is, behaal dit 'n goeie prys. So 'n dier is vir 'n boer baie werd en daar is min mense wat hulle vetste diere vir die kerk en dus vir die Here sal gee. Abel het dit gedoen, want hy weet dat wat hy aan die Here gee, God weer aan hom sal teruggee. Daardie geld wat 'n mens vir 'n vet bees of skaap kry en wat jy aan die Here gee, sal nie jou beursie leër maak nie. God sal sorg dat dit weer in jou beursie teruggeplaas word. Gaan vra maar aan die mense wat werklik aan God gee. Abel doen dit omdat hy dankbaar en onselfsugtig is en omdat hy die Here liefhet.

Wanneer 'n mens die Here liefhet, vra jy nie eers wat jou offerande jou gaan kos nie en as dit vir jou te duur lyk, gee jy maar iets anders wat jou nie so duur sal uitkom nie. Aan die Here gee 'n mens altyd die beste wat jy het. Lees maar gerus die boek Maleagi en kyk hoe die Here aan Israel sê dat hulle Hom beroof. Hulle offer aan die Here die slegste en die swakste wat hulle het, maar die gesindheid van Abel se hart is 'n gesindheid van liefde. Hy wil nie aan die Here 'n diens bewys nie. Hy offer ook nie aan die Here omdat hy voel dat dit sy plig is nie en dat hy darem so af en toe iets aan die Here moet gee nie. Hy doen dit ook nie omdat hy graag van die Here iets wil terug ontvang nie. Hy doen dit uit pure liefde vir die Here. Daar is baie kinders wat maar net katkisasie of kerk toe kom omdat pa en ma dit so wil hê, of omdat die ouderling of dominee met hulle sal kom praat as hulle wegbly. Daarom kom hulle sporadies of so af en toe, of hulle doen dit omdat hulle darem nog bang is dat die Here hulle sal straf as hulle wegbly. Van liefde weet hulle nie.

Abel se hart het gebrand van liefde vir die Here. Hy was 'n onselfsugtige kind. Die Bybel vertel ons egter iets anders van Abel. Dit sê dat Abel 'n gelowige kind was (Hebr. 11:4).

Abel het voldoen aan die definisie van die geloof soos die Bybel dit aan ons gee in Hebr 11:1. Hy het geglo dat God alles geskape het. Sy ouers het hom seker ook vertel van die belofte wat die Here gemaak het, dat daar 'n Verlosser sal kom wat die paradys weer aan hulle sal teruggee. Miskien het hulle gesug en gesê dat dit nie lyk asof die Here Sy beloftes gaan nakom nie. Abel het dit geglo, hy het nooit daaraan getwyfel nie. Hy het vas en seker geglo dat as die Here 'n belofte maak, Hy daardie belofte sal nakom. Hy het geweet dat die Here nie soos party mense is wat beloftes maak en dit nooit nakom nie, veral mense wat beloftes aan die Here maak. Daar is soveel jong seuns en dogters wat belydenis van geloof afê en aan die Here beloof om getrou en ywerig kerk toe te kom. Sodra hulle egter uit die kerk kom nadat hulle die belofte gemaak het, het hulle weer heeltemal daarvan vergeet. Hulle het vir God 'n leuen vertel.

Abel het geglo en in die geloof geoffer. Al hierdie dinge het hy gedoen toe hy reeds 'n grootmens was. Ons kan aanvaar dat hierdie eienskappe al by Abel as kind aanwesig was. Dit is juis hierdie eienskappe wat Abel onderskei het van Kain en as gevolg daarvan noem die Bybel hom regverdig. Wat God van ons verwag, is dat ons Hom sal liefhê, want Hy het ons eerste liefgehad. As jy iemand liefhet, vra jy nooit wat hy aan jou sal gee, of wat hy jou kan gee nie, dit is selfsug. Jy vra altyd wat jy vir hom of haar kan gee. Dit is ware liefde en offerande. Die ware liefde soek nooit die eie ek en die eie belange nie, maar dit soek altyd die ander persoon se belange eerste.

As ons God werklik liefhet, sal ons nooit ons eie belange eerste soek nie, maar altyd die belange van die Here. Waarin moet ons liefde vir die Here dan tot uiting kom? In ons katkisasiebesoek, ons kerkbesoek, ons lewe as kinders van die Here. Die wêreld moet kan sien ons is kinders van die Here. Ons is Christus se eiendom. Hy het baie duur vir ons met Sy kosbare bloed betaal, daarom moet ons Hom liefhê en Sy belange bo ons eie belange stel.

3. ISMAEL

DIE naam Ismael beteken: "Die Here hoor." Toe Hagar van Sara weggevlug het, verskyn die Here in die woestyn aan haar. Daar sê Hy vir haar dat sy haar seun Ismael moet noem. Terselfdertyd sê die Here ook vir haar watter soort mens Ismael sal wees. Hy sal 'n wilde esel van 'n mens wees. Sy hand sal teen almal wees en almal se hand sal teen hom wees. Hy sal woon waar elkeen hom sal kan sien. Hy sal 'n vrye en ongebonde swerwerslewe lei net soos die wilde esel wat deur die vlaktes swerf en nie getem kan word nie en hom ook nie laat tem nie. Toe Ismael gebore is, was Abraham ongeveer 86 jaar oud. Ismael was ongeveer veertien of vyftien jaar oud toe Isak gebore is. Hy was dus al 'n redelike groot seun.

Op die dag toe Isak gespeen is, het Abraham 'n feesmaaltyd gehou. Isak was toe ongeveer twee of drie jaar oud en Ismael ongeveer sewentien was. Ismael neem ook deel aan die maaltyd en daar bespot hy die kleine Isak. Hoe hy dit presies gedoen het, word nie aan ons vertel nie, maar dit kos seker nie baie verbeeldingskrag om vir jouself in te dink hoe hy dit gedoen het nie. Heelwaarskynlik het hy vir Isak geterg soos alleen 'n sewentienjarige seun dit maar kon doen. Miskien het hy hom allerhande bespotlike name toegevoeg of 'n bynaam aan hom gegee wat hom bespotlik gemaak het.

Ismael het Isak natuurlik nie sommer net bespot omdat hy graag 'n bietjie "sports" wou maak nie. Ismael het 'n definitiewe rede gehad met sy bespotting van Isak. Hy het Isak gespot uit afguns en jaloesie. Hy was jaloers op Isak, want Isak was die seun van die belofte. Voor Isak se geboorte was hy die enigste kind in die huis, maar na Isak se geboorte moes hy tweede viool speel, want alhoewel hy Abraham se eie kind was, was sy ma 'n slavin. Voor Isak se geboorte het hy ook nog die geleentheid gehad om Abraham se enigste erf genaam te word, maar na Isak se geboorte, het die posisie heeltemal verander. Hagar het hom heelwaarskyn-lik vertel dat Isak alles gaan erf die dag as Abraham nie meer daar is nie dat hy baie min of niks sal kry nie. Toe hy dit tewete kom, kon hy Isak nie verdra nie. Daarom bring hy sy haat en teleurstel-ling ook tot uiting deur te spot.

Spot is seker een van die sterkste wapens wat die mens kan gebruik om ander te verkleineer. Kinders kan spot tot 'n fyn kuns ontwikkel. Hulle gee aan ander en hulle onderwysers byname om daarin hulle minagting tot uiting te bring. Hulle kan soms lelik en gruwelik spot met die gebreke van ander.

In die spot van Ismael sien ons dat hy hom verset teen God se belofte. Hy is nie tevrede met die plek wat die Here aan hom in die huis van Abraham gegee het nie. Hy is nie bereid om die tweede plek naas Isak in te neem nie. Hy wil Isak uit sy plek dwing en hy wil self Isak se plek inneem. Wanneer Sara sien dat Ismael vir Isak bespot, kan sy dit nie verdra nie. Abraham word versoek om Hagar en Ismael weg te stuur. In die spot sien sy 'n teken van die houding van Ismael. Hy sal Isak vervolg omdat Isak die seun van die belofte is. Juis daarteen wil sy vir Isak beskerm.

Aanvanklik wou Abraham nie vir Ismael wegstuur nie, omdat Ismael sy seun is en hy hom ook liefhet, maar dan sê die Here vir Abraham dat hy vir Ismael en Hagar moet wegstuur. Vir Abraham is dit 'n sware beproewing, want hy doen dit nie graag nie. Die Here gee egter aan hom die belofte dat Ismael ook 'n groot volk sal word. Daarop gee Abraham aan Hagar en Ismael 'n brood en 'n sak met water en stuur hulle die woestyn in.

Hagar gaan nie soos die eerste keer toe sy gevlug het na Egipte nie, maar hulle swerf in die woestyn rond. Na 'n tydjie raak die brood en water klaar. Dan wil hulle omkom van die dors, maar die Here open Hagar se oë sodat sy 'n put raaksien. In die woestyn is waterputte dikwels met 'n plat klip toegemaak en daar is sand oor gegooi. Daarom is dit verstaanbaar dat Hagar nie dadelik die put raakgesien het nie. Ismael het hom daar in die woestyn gevestig waar hy 'n boogskutter geword het. Hy was dus 'n man wat geleef het van stryd en van roof. Sy nageslag was die Arabiere wat die Islamitiese geloof aanvaar het en dit 'n tyd lank met die swaard oor die wêreld probeer verbrei het.

Wat is die verband tussen Isak en Ismael? Hoekom twee seuns? Die antwoord kry ons in Galasiërs 4:20-31. Hier stel Paulus vir Isak en Ismael teenoor mekaar. Ismael is uit 'n slavin gebore. Hy is die bewys van die feit dat Abraham en Sara nie God se beloftes wou glo nie. Hy is dus uit die vlees gebore. Isak aan die ander kant is uit die gees gebore. Hy is die bewys dat God wel sy beloftes nakom, maar Ismael vervolg vir Isak. So staan vlees en gees, kerk en wêreld, wet en genade teenoor mekaar en worstel met mekaar, want in Christus se tyd sou die Fariseërs kom en sê dat 'n mens deur die onderhouding van die wet voor God geregver-dig word, terwyl alles van God se kant tog net genade is. Nie die wet nie, maar die bloed van Jesus Christus alleen red.

Ismael is die beeld van hulle wat glo dat hulle deur die vervul-ling van die wet die saligheid kan verkry. As jy alles wat die Here in sy wet beveel nakom, glo hulle dat God verplig om aan jou die ewige lewe te gee. Ismael is ook die beeld van hulle wat die gelowi-ges vervolg. Isak is die beeld van die kinders van God wat weet dat hulle alleen uit genade salig kan word. Daarom moet die gelowiges hulleself vrymaak van die wet en slegs uit genade leef. Die vryma-king van die wet word ook afgebeeld deur die verdrywing van Hagar en Ismael uit Sara se tent.

Hierdie teenstelling vind ons vandag nog tussen die Moham-medanisme (Islam of Moslemgeloof) en die Christendom. Die Mohammedanisme is 'n wettiese godsdiens. Soveel keer per dag moet jy bid met jou gesig na Mekka. Verder is daar allerhande voorskrifte wat getrou nagekom moet word. By die Mohammeda-nisme word jy salig deur dit wat jy doen. By die Christendom word 'n mens salig deur die geloof alleen, die geloof in die soenbloed van Jesus Christus.

4. ISAK

ONGEVEER 'n jaar na die verwoesting van Sodom en Gomorra het die blye oomblik vir Abraham en Sara aangebreek toe daar 'n seuntjie vir hulle gebore is. Vir hierdie seuntjie het Abraham die naam Isak gegee. Hierdie naam beteken: "hy wat lag." Die Here het natuurlik aan Abraham die opdrag gegee om die seuntjie so te noem (Gen. 17:19). Die rede hiervoor was dat Sara 'n jaar voor die geboorte van Isak nie die Here wou glo toe Hy aan haar gesê het dat sy oor 'n jaar 'n kind sal hê nie. Sy het gelag toe die boodskap aan haar gegee is. Daarom moes die naam Isak haar altyd aan dié feit herinner en aan haar ongelowigheid. Dat Sara nie omgegee het om die kindjie so te noem nie, blyk uit die feit dat toe Isak gebore is, sy gesê het dat God vir haar 'n gelag berei het. Abraham en Sara was natuurlik al baie oud toe Isak gebore is. Abraham was toe reeds honderd jaar oud en Sara negentig. Hulle moes dus baie lank wag op 'n kindjie en hulle het al alle hoop opgegee. Die Here wil ons hierdeur laat sien dat Hy sy beloftes sekerlik vervul al lyk dit ook hoe onmoontlik. Wanneer 'n kind in daardie tyd ongeveer twee of drie jaar oud was, is hy gespeen. Dit dui op die feit dat daar beskou is dat so 'n kind nou selfstandig begin word. Teen daardie tyd was Isak se halfbroer, Ismael ongeveer 17 jaar oud. Abraham berei 'n fees vir hierdie geleentheid en Ismael neem ook deel aan die fees. Hy bespot vir Isak. Hoe hy dit presies gedoen het, kan elkeen van ons seker raai. 'n Kind kan soms wreed spot. Die gevolg hiervan is dat hy en sy moeder Hagar, op aandrang van Sara deur Abraham weggejaag word.

Op 'n dag kom die Here na Abraham en beveel hom om Isak, die seun wat hy liefhet, te gaan offer op die berg Moria. Ons kan begryp dat dit natuurlik vir Abraham 'n groot skok was en dat daar deur sy gemoed baie dinge moes gegaan het. Abraham het nie aan Isak vertel dat hulle hóm gaan offer nie.

Isak en sy vader trek drie dae na die berg Moria. Toe hulle daar kom, bestyg hy en sy vader alleen die berg. Abraham dra die vuur en die mes en Isak die brandhout waarop hy straks vasgebind sal word. Reeds hier is Isak 'n beeld van Christus wat sy offerhout, die kruis van Golgota, alleen moes dra. 'n Mens wonder soms wat die doel is van jou lewe. Hier sien ons duidelik dat ons lewens in diens van God staan en dat Hy ons lewens gebruik om sy Naam daarmee te verheerlik.

Hierdie brandhout kon Isak ook dra want hy was teen hierdie tyd seker al 'n groot seun gewees. Stilswyend klim hulle die berg oop. Isak se gedagtes konsentreer net op een ding en dit is die offerdier. Elke keer wanneer hulle gaan offer het, het hulle 'n offerdier saamgeneem, maar hierdie keer is dit anders. Hy het gewonder hoekom dit so is. Eindelik kan hy homself nie meer inhou nie en vra hy aan sy vader die vraag wat in sy gedagtes bly maal. Dit moes seker 'n vraag gewees het wat Abraham tot in die diepte van sy hart gesny het. Hy kan nog nie aan sy seun sê dat hy die brandoffer is nie, maar hy berei Isak tog daarop voor deur aan hom te sê dat God vir Homself die lam vir 'n brandoffer sal voorsien.

Toe hulle op die berg kom, het Abraham 'n altaar daar gebou en die brandhout daarop neergelê. Hy het nou besef dat hy nie langer die waarheid van Isak kon weghou nie. Hoe hy dit gedoen het, vertel die Bybel nie aan ons nie. Ons kan ons seker maar voorstel dat hy met trane aan Isak sou gesê het wat die Here van hom verwag en dat hy Isak sou omhels het en teen hom vasgedruk het. Wat het Isak toe gedoen! Het hy gillend van angs die berg afgestorm en probeer weghardloop? Het hy dalk geskree dat hy nie nou al wil doodgaan nie en dat hy darem nog eers sy lewe wil geniet? Die Bybel vertel nie aan ons wat daar gebeur het nie, maar uit wat volg, kan 'n mens wel sekere afleidings maak. Abraham sou tog sekerlik aan Isak gesê het dat dit die wil van God is en 'n opdrag van God is dat hy homself laat bind. Juis daarom vlug Isak nie met vrees en angs weg van sy vader nie.

Isak is 'n gelowige seun. Hy glo in God en weet dat wat God doen, reg is. Hy weet dat die dood nie die einde van alles is nie, maar dat daar na die dood 'n ryker en 'n heerliker lewe wag. Daarom is hy bereid om die hoogste offer wat God van 'n mens kan vra, te bring. Hy is bereid om sy lewe op die altaar neer te lê. Wat in daardie momente deur sy gedagtes gegaan het, weet ons nie en dit is ook nie nodig dat ons dit weet nie. Al wat ons hier nodig het, is die voorbeeld van gehoorsaamheid wat Isak stel teenoor sy vader en teenoor God se eis. Wat God van ons eis, moet ons doen al is dit ook die hoogste offer wat ons moet bring. Ons hele lewe moet 'n lewende dankoffer in diens van God wees. Hier is Isak ook weer 'n beeld van Christus wat Hom soos 'n skaap gewillig oorgee in die hande van sy slagters sonder om teen te stribbel.

Maar nou is dit ook genoeg. God het nie net vir Abraham beproef nie, maar ook vir Isak. Daarom laat die Here Abraham nie toe om Isak dood te maak nie. God voorsien 'n ram wat Abraham in die plek van Isak moet slag. Hoe Isak hieroor gevoel het, weet ons nie. Heel waarskynlik was hy verlig en het hy en Abraham daar saam op hulle knieë neergeval en God geloof en gedank. Hierdie ram wat in die plek van Isak geoffer word, is ook beeld van Christus. Die offer van Isak en enige menslike offerande kan nie betaal vir die skuld van die sonde nie.

Slegs die bloed van Jesus Christus kan betaal. Dit is wat hierdie offerande van Isak aan ons wil sê.

5. JAKOB

JAKOB moes seker 'n slim kind gewees het, 'n intelligente seun. Hy was natuurlik 'n doodgewone, alledaagse mens. Stil en ingetoë. Hy het nie daardie ontembare energie en lewenslus van sy broer Esau gehad nie. Hy was nie die een wat daar in die veld koes-koes 'n wildsbok kon bekruip, of vir ure loop op die spoor van 'n gewonde bok of 'n swaar gewonde bok van agter inhardloop nie. Esau was die atletiese tipe, die gespierde kind, die man van die veld. Jakob was die kind van die huis, rustig, stil en bedaard. Tog het daar agter daardie stilheid en bedaardheid 'n goeie verstand geskuil. Hy kon vooruit dink. Hy kon dinge vooruit beplan en bereken. Hy wou graag die eerste wees, maar dan deur sy verstand en nie deur sy spiere en brute krag soos Esau nie. Ons sien dit al by die geboorte van die twee kinders, Jakob se naam beteken eintlik "hakskeenvashouer". By hulle geboorte hou Jakob Esau se hakskeen met sy klein handjie vas. Hy wil Esau terughou. So groei die kinders op. Met Esau was daar seker nie huis te hou nie. Altyd vol energie en lewenslus daar buite in die veld, maar Jakob is hier in die huis by Rebekka. Hierdie kind het sy lief want sy het seker steeds ingedagte gehou wat die Here aan haar gesê het voor die geboorte van die twee kinders. Die oudste sal die jongste dien. Hier by ma in die tent bring Jakob sy jeugjare deur. Hier leer hy van God en sy beloftes. Hier hoor hy seker ook van die feit dat die oudste die jongste sal dien en dat hy eendag die eersgeboortereg sal kry. Stil en rustig verloop die lewe daar in die tente. Totdat daar op 'n dag iets gebeur. Jakob maak 'n kooksel rooi lensies klaar. Esau kom vermoeid terug van die jag. Hy is moeg en honger en daardie lensies lyk so aanloklik en begeerlik.

"Laat my tog sluk van die rooigoed daar, want ek is moeg". Jakob sien meteens die geleentheid soos 'n groot gaping voor hom lê. Hy kan Esau se eersgeboortereg nou in die hande kry. Hy is 'n man wat vooruit kan dink en beplan. As hy hierdie eersgeboortereg van Esau in die hande kan kry, kry hy 'n dubbele erfporsie van sy vader Isak. Dit kan aan hom 'n stewige stoot vorentoe gee.

Die Jakob is 'n regte sakeman. Hy bereken sy winste vooruit. Hier kan hy meer as honderd persent wins maak. Rebekka het aan hom vertel van die eersgeboortereg. Dit is tog syne en dit kom hom toe. Eendag sal hy dit kry, maar hoekom moet hy so lank daarvoor wag? Buitendien het vader Isak vir Esau lief, en as hy nie nou sorg dat hy dit in die hande kry nie, gaan Esau dit kry.

Jakob het skoon van die Here en Sy belofte vergeet. Hy het heeltemal vergeet wat die Here aan Rebekka gesê het. Hy het nie met die Here rekening gehou en met die feit dat die Here Sy beloftes sal nakom nie. Hy het net aan sy eie belange gedink.

Dit kan natuurlik so maklik gebeur. In die beplanning van ons toekoms kan ons die Here heeltemal vergeet. Ons kan sulke mooi planne hê, maar ons kan vergeet om aan die Here te vra om aan ons lig en leiding te gee. Ons kan dan net aan ons eie belange dink. Daarom sien Jakob hier 'n goeie geleentheid. As Jakob wel die Here in gedagte gehou het, het hy miskien gedink dat hy nie kan wag totdat die Here eendag sy beloftes wil nakom nie. God is te langsaam. Hy wil daardie eersgeboortereg nou hê.

Oorhaastigheid kan ook 'n sonde wees. Later in sy lewe het hierdie karaktertrek van Jakob teruggekom toe hy nie langer by Laban wou bly nie. Haastigheid en ongeduldigheid is natuurlik ook een van die karaktertrekke van die jeug en van jonk wees. Die bloed pols deur die are. Alles wat gedoen moet word, moet nou gedoen word. Die proses van volwassewording moet nou daar wees. Daarom mag daar nie gesag wees nie. Alles moet nou en haastig geskied. Die jongmens dons soms in 'n ding in sonder om twee maal te dink. Jakob het ook nie gedink aan wat hy doen nie. Met bedrog het hy van die swakheid van sy broer Esau gebruik gemaak om sy eie belange te bevorder. Eeue later gee Christus 'n ander gebod. Nie jou eie belange nie, maar die belange van jou naaste. "Alles wat julle dan wil hê dat die mense aan julle moet doen, net so moet julle aan hulle ook doen."

Wanneer ek net my eie belange bevorder en nie vir my naaste omgee nie, ontbreek die liefde by my. Daarom moet ek soveel as moontlik op die voordeel van my naaste bedag wees. Ons moenie net kyk wat ek uit my naaste kan kry nie, dit is selfsug. Ons moet altyd vra: Hoe kan ek my naaste tot diens wees? Die suiwerste maatstaf van my doen en handel teenoor my naaste moet wees: Hoe sal ek graag wil hê dat hy of sy my moet behandel? Ek moet my naaste liefhê soos ek myself liefhet.

6. ESAU

ESAU se naam beteken "harig" of "ruig". Esau is met 'n bos rooi hare gebore.

Waar Jakob die stil, rustige, huislike tipe was, het Esau se geaardheid heeltemal verskil. Hy was die meer gespierde, atletiese tipe, die persoon vol energie en aksie, die persoon wat nie kon stilsit nie. Hy was iemand wat in die veld geboer het. Daar het hy met sy pyl en boog agter die wildsbokke aan beweeg. Hy was 'n jagter. 'n Jagter in die Bybelse tyd was iemand wat maar eintlik 'n swerwersbestaan gevoer het. Waar die wild is, daar moes hy wees. Waar die wild rondtrek, moes hy agterna trek. Vandag is hy hier en môre is hy daar, daar was geen vastigheid nie. Daar was geen grense wat hom gebind het nie, hy het om nie aan wette en bepalings gesteur nie, hy maak in die veld sy eie wet en sy eie bepalings.

Esau was die energieke, fikse mens, 'n stewige frisgeboude knaap, maar hy leef net vir die oomblik, vir die hier en die nou. Aan wat môre of oormôre of volgende jaar gaan gebeur, steur hy hom nie, daarom gee hy ook nie om vir die toekoms nie. Solank as vandag se behoeftes bevredig kon word, was hy tevrede. Solank hy sy bokkie kan doodmaak en eet en drink en sy honger en dors kan stil, was hy tevrede. Dit blyk ook uit die feit dat hy sy eersgeboortereg vir 'n pot lensies verkoop. Die lus om die begeerte van die oomblik te bevredig, maak hom onverskillig vir die heilige. Die heilige het vir hom geen betekenis nie. As die nood van die oomblik aanbreek, was hy selfs bereid om die heilige te verkoop om daardie nood te bevredig.

Hierdie eersgeboortereg was natuurlik iets besonders. Wanneer die vader sterf, kry die eersgeborene 'n dubbele erfporsie. By die heidene was dit tydelike, stoflike dinge. Esau se eersgeboortereg het egter baie verder gegaan. Die Here het aan Abraham die land Kanaän beloof en dat uit sy saad alle geslagte van die aarde geseën sou word. Dit het beteken dat die eersgeborene die land Kanaän sou beërf, maar die betekenis van die land Kanaän het verder gestrek as net 'n plek op die landkaart. Dit het gewys op Christus wat die Verlosser van sy volk sou wees en wat aan hulle die ewige Kanaän sou skenk. Daarom was hierdie eersgeboorte reg gekoppel aan die feit dat die eersgeborene die draer van die lig van God in Christus sou wees. Uit sy geslag sou die Verlosser van die hele mensheid gebore word.

Esau verag God se liefde en genade wanneer hy sy eersgeboortereg verkoop. Hy verag God en sy seën. Hy dink net aan die oomblik en die bevrediging wat hy daaruit kan put. Daarom sê hy aan Jakob: "Kyk, ek gaan sterwe, en wat baat die eersgeboortereg my dan?" Wat Esau met hierdie woorde bedoel is: Die uiteinde van die lewe is tog maar net die dood. Dit kan vandag wees, dit kan môre wees. Miskien sterf ek nog voor ek my eersgeboortereg kry en as ek dood is, watter nut het ek dan van my eersgeboortereg? Neem jy dit maar en laat ek nou die lewe geniet.

Die vraag is nou of die houding van Esau nie ook maar die houding van die jeug van vandag is nie? Hulle probeer die werklikheid ontvlug en neem hulle toevlug na 'n skynwêreld van dwelmmiddels en ander verslawings, waar die genot van die oomblik belangriker is as die ewige waardes wat God in Christus aan ons beloof het. Ook die mens van vandag sê: "Laat ons eet en drink en vrolik wees want môre sterf ons." Dit is natuurlik so dat ons ook 'n eersgeboortereg het, die eersgeboortereg wat die Here in

Christus aan ons gegee het. Wie pleit op die soenbloed van Jesus Christus, ontvang vergewing van sondes. Daarmee saam word die ewige lewe beloof, daardie lewe waar daar geen pyn en smart, mislukkings en teleurstellings is nie, maar ons eersgeboortereg bring 'n verantwoordelikheid met hom mee. Ons moet Christus liefhê. In alles wat ons doen, moet ons liefde vir Christus blyk. Die vraag is nou wat ons met ons eersgeboortereg maak? Wat dink ons van die Evangelie van Christus en van sy kerk? Leef ons net vir die oomblik en die vreugde en genot van die oomblik? Christus tipeer die mens van vandag in sy profetiese rede met hierdie woorde: "Want net soos hulle was in die dae voor die sondvloed toe hulle geëet en gedrink het, getrou en in die huwelik uitgegee het tot op die dag dat Noag in die ark ingegaan het."

Dit is nie 'n mensewêreld van vrate en wynsuipers wat Christus hier teken nie. Dit is ook nie diewe en egbrekers nie. Dit is gewone, alledaagse, heel ordentlike mense. Tog is daar iets ernstig met hulle lewe verkeerd. God is nie in hulle lewe nie. Dit is net die stoflike aardse dinge wat tel. Hulle lewe net vir die oomblik.

Daar is soveel pragtige beloftes verbind aan ons eersgeboortereg. Daar is soveel seëninge, maar soos Esau is daar soveel kinders en jong mense wat nie daarvoor 'n oog het nie. Party verruil dit vir die dwelmpil. Ander vertrap dit onder die voete vir die genietinge van die oomblik.

Deur hierdie minagting van sy eersgeboortereg toon Esau dat hy 'n onheilige is omdat hy dit wat behoort het tot die heilige geslag verag het.

Dit is ook die rede waarom die Here later in die Nuwe Testament sê dat Hy Esau gehaat het.

7. JOSEF

MISKIEN is daar sommige mense wat dink dat hulle nie eintlik baie van Josef as kind hou nie, want as jy die Bybel net bolangs lees, kry jy die indruk dat hy in sy kinderjare 'n verwaande ventjie was en 'n klikbek.

Baie dink miskien dat dit nie 'n mooi trek in Josef se karakter was om al die slegte dinge wat sy broers gedoen het, aan sy vader te gaan oorvertel nie.

Wat sy broers presies gedoen het, sê die Bybel nie aan ons nie. Dit maak ook eintlik nie saak nie, omdat die Bybel hier die klem wil laat val op dit wat Josef gedoen het en op sy houding ten opsigte van sy broers.

Daar is mense wat wil beweer dat die verklikkery 'n swak eienskap in Josef se karakter was. Dit was vir hom lekker om nuus aan te dra by sy vader en van al die slegte dinge te vertel wat sy broers gedoen het. Hy het daar genot uit geput.

Hy het gemaak soos party kinders vandag nog maak. Hulle vertel graag die verkeerde dinge wat hulle klasmaats of broers of susters gedoen het. Hulle dra graag nuus oor. Hulle doen dit omdat dit vir hulle lekker is en hulle daar genot uit put. Hulle kan dit op so 'n vermakerige manier geniet as hulle sien hoe ander gestraf word. Dit verskaf aan hulle 'n soort bevrediging om hulle in die leed van ander te verlustig.

Die vraag ontstaan nou of dit ook Josef se motief was toe hy gaan nuus aandra het by sy vader? Het hy sy broers gaan verklik omdat dit vir hom lekker was om skinderstories aan te dra? Was dit nou werklik 'n swak eienskap in Josef se karakter?

As dit die geval was, moes hierdie karaktertrek tog seker later in sy lewe ook tot openbaring gekom het. 'n Klikbek en iemand wat graag skinderstories aandra, is sekerlik nie iemand op wie 'n mens kan staatmaak nie. Hy het seker ook nie 'n baie sterk karakter nie, want daarvoor is sy tong te los. Hy sal van 'n ander persoon by jou kom stories aandra en weer van jou skinder sodra hy by iemand anders kom.

Josef se latere geskiedenis bewys tog dat hy 'n goeie, sterk karakter gehad het. Dit bewys dat hy sekerlik 'n goeie opvoeding moes gekry het. Neem maar die geval van Potifar se vrou en die feit dat hy later bereid was om sy broers te vergewe ten spyte van alles wat hulle hom aangedoen het. Jakob moes seker baie aandag aan sy opvoeding bestee het.

Daarom kan ons wel aanneem dat sy doel met die verklikking nie was om in Jakob se goeie boekies te kom nie. Veel eerder lyk dit asof Josef die verkeerde dinge wat sy broers gedoen het, nie kon verdra nie. Sy hele wese het daarteen in opstand gekom. Dit het ingedruis teen die opvoeding wat hy ontvang het.

Dit lyk veel waarskynliker dat die bedoeling van Josef met hierdie nuusdraery van hom was dat Jakob met sy broers oor hulle verkeerde dinge moes praat. Jakob moes hulle wys op die verkeerde pad wat hulle besig was om te bewandel. Dit druis in teen die gebooie van die Here.

Hyself kon nie met hulle daaroor praat nie. Hy was maar sewentien jaar oud en jonger as al sy ander broers. Hy was die elfde kind van Jakob, op een na die jongste. Dalk het hy met hulle hieroor probeer praat, maar soos dit maar altyd die geval is, luister die ouer broer nie na die jonger een nie. Gewoonlik lag hy hom uit en sê aan hom om hom met sy eie sake besig te hou.

Gevolglik het Josef seker besluit om dit aan Jakob te vertel. Miskien kon hy iets aan die saak doen. As sy vader met sy broers sou praat, sou hulle moes luister.

Josef se bedoeling was dus goed. Hy het nie gaan stories oordra omdat dit vir hom lekker was nie. Eintlik kan ons Josef dus nie 'n klikbek noem wat maar net nuus aandra omdat hy dit geniet nie. Sy bedoeling was nie om in Jakob se goeie boekies te kom nie. Hy het dit ook nie gedoen omdat hy sy broers gehaat en verag het nie.

By Josef het alles gegaan om die welsyn van sy broers. Hy het besef dat die Here hulle sou straf oor die verkeerde dinge wat hulle doen. Die straf van die Here kon dalk oor Jakob en sy hele huisgesin kom as daar nie iets daadwerkliks aan die saak gedoen word nie. Josef het by Jakob gaan stories aandra uit liefde vir sy broers.

Wanneer dit gaan om die welsyn van jou klasmaat of broer of suster en jy besef dat jy daar niks aan kan doen nie, is dit seker wel geoorloof om ander se hulp in te roep en aan ander te vertel. Josef het die welsyn van sy broers voor oë gehad. Hierin is hy die beeld van Christus wat ook ons welsyn voor oë het as Hy vir ons by sy Vader en ook ons Vader in die hemel pleit, want ons is almal broers en susters van Christus.

Sy Vader is ook ons Vader en dan pleit Hy vir ons en sê: Ek het reeds die straf vir hulle gedra. Ek het vir hulle betaal. Moet hulle nie straf vir die verkeerde dinge wat hulle doen nie wanneer hulle om vergiffenis op my bloed by U pleit. Is dit nie wonderlik nie? As ons op die bloed van Christus pleit, wil die Here ons beskou asof ons net so rein en sonder sonde is as Christus, ten spyte van alles wat ons verkeerd doen.

8. MOSES

MISKIEN het julle ook al gewonder hoe dit gekom het dat Moses, wat as 'n Egiptenaar groot geword het, tog 'n Israeliet gebly het. Hoe het dit dan gebeur dat hy sy geloof in die Here nie prys gegee het vir die lekker lewe aan die Egiptiese paleis nie en hoe het hy dit behou? Hoekom het hy nie ten volle Egiptenaar geword en die Egiptiese taal en tradisies aangehang nie?

Baie mense sal sê dat so 'n jong kind wat losgeruk is van die tradisie van sy kerk en sy volk, eintlik vir kerk en volk verlore is. As 'n jong kind uit 'n Christelike ouerhuis na 'n Moslemskool sou gaan, sou hy moontlik met alles wat Christelik is breek en 'n aanhanger van die Moslemgeloof word. Hy sal moontlik sy Christelike opvoeding vergeet omdat hy gewoond geword het aan die opvattings en tradisies van die Moslemgeloof.

Die rede waarom dit nie met Moses gebeur het nie, is omdat die Here Moses nie vergeet het nie. Ons mag ons miskien blind staar teen die feit en ons mag maar net vaskyk teen wat op die oomblik gebeur, maar wat God beloof het, dit vervul Hy.

Die Here het vir Moses 'n plek beskik. Hy sou die beeld van Jesus Christus word. Daarom is alles wat met Moses gebeur het, nie maar toevallig nie. Dit gebeur ten spyte van die feit dat die naam Moses nie eens 'n Joodse naam is nie, maar suiwer Egipties. Die naam beteken heelwaarskynlik: "kind van die Nyl" of "kind van die water", maar in die naam sien ons ook duidelik die hand van die Here wat red. God het Moses gered ten spyte van die feit dat daar baie Joodse seuntjies was wat doodgemaak was.

Hierdie naam wys dan ook na Christus wat eeue later sou kom as die ware Redder, maar wat eers moes ondergaan en doodgemaak word om ons te kon red. Na sy redding uit die Nyl is Moses ook nie sommer dadelik in Farao se paleis opgeneem nie. Hy het nog eers 'n hele paar jaar by sy moeder Jogebed gebly.

Jogebed was 'n knap vrou wat nie gaan stilsit het nie. Sy sou haar seker nie gaan sit en dood huil oor haar ou seuntjie wat sy na 'n paar jaar miskien nooit weer of baie selde sou sien nie. 'n Vrou soos sy wat 'n plan kon maak om haar kind te red deur hom in 'n mandjie te plaas, sou sekerlik werk gemaak het van die feit dat sy Moses nog 'n paar jaar by haar sou hê, want toe sy hom in die mandjie gesit het, het sy seker geweet dat Farao se dogter hom sou kry. Dit was seker ook die doel waarom sy hom gesit het waar Farao se dogter hom kon sien.

Daarom sou sy sekerlik gesorg het dat die fondament van Moses se opvoeding baie goed gelê word. Sy het hom vertel van Abraham, Isak, Jakob en Josef. Sy sou hom ook vertel het van die Here en al sy wonderlike beloftes aan die Jode. Moses moes so ses of sewe jaar oud gewees het toe hy na die paleis van Farao gegaan het. Toe het hy geweet dat die Joodse volk swaarkry en soos later uit sy lewe sou blyk, was hy trots op sy volk.

Aan die paleis van Farao het hy die beste opvoeding gekry wat 'n kind van sy tyd kon geniet. Daar het hy die opvoeding van 'n Egiptiese prins geniet. Watter soort opvoeding hy gekry het, vertel die Bybel nie aan ons nie. Volgens Handelinge 7:22 is hy onderrig in al die wysheid van die Egiptenare. Watter soort dinge was dit wat hy geleer het?

In die eerste plek sou hy seker die sterrekunde bestudeer het, want die Egiptenare was 'n volk wat 'n groot kennis van die sterrekunde gehad het. Verder het Moses seker ook die wiskunde bestudeer. Die Egiptenare was die bouers van die groot piramides wat in Moses se tyd alreeds daar was. Hulle het 'n goeie kennis van wiskunde gehad. Behalwe hierdie twee vakke was daar ander vakke soos medisyne, aardrykskunde en die regte.

Dat Moses 'n ywerige leerling was, kom na vore wanneer hy die Jode deur die woestyn na Kanaän moet lei. Baie van sy kennis wat hy aan die Egiptiese hof opgedoen het, kon hy hier in die praktyk toepas. Ons lees byvoorbeeld in Exodus 18:13 dat Moses as regter opgetree het vir die volk. Dit was die toepassing van wat hy aan die Egiptiese hof bestudeer het. Waar Moses se volk swaar gekry het onder die hand van Farao en die Egiptenare, het Moses dit lekker gehad in die paleis van Farao.

As Moses in sy latere lewe verkies het om 'n Egiptenaar te bly, sou niemand seker daaroor verwonderd gewees het nie. Hy kon kies of hy die swaarkry met sy volk sou deel en of hy die aange- name lewe van 'n Egiptenaar sou lei. Miskien het die Israeliete van daardie tyd wat geweet het dat Moses aan die hof van Farao opgevoed word, hulle koppe geskud en gesê dat hierdie klein Israeliet verlore was vir kerk en volk, maar hierdie opvoeding van Moses was maar net die voorbereiding wat die Here aan hom gegee het om later sy volk te kon lei.

Moses het dan ook getrou gebly aan sy volk soos ons later sien wanneer hy die kant van sy veragte en vertrapte volk kies, toe hy sien hoe 'n Egiptiese man 'n Hebreeuse man, een uit sy broers, slaan. Moses het sy volksgenoot verdedig en in die proses die Egiptenaar doodgeslaan.

Hoeveel kinders wat die ouerhuis verlaat, ruk nie sommer los van alles nie? Die ankertoue aan die kerk en die geloof word losgemaak en hierdie kinders word weggewaai deur die winde van liberalisme en ongeloof. Sodra belydenis van geloof gedoen is, word die belofte aan die Here, naamlik om ywerig en getrou die bediening van Woord en sakramente op te soek, vergeet.

Tog bly die Here getrou aan sy beloftes. God het altyd die laaste woord. Hierdie jong mens wat dit so aangenaam en interessant vind tussen sondaars en goddeloses, hierdie jong mens wat die wêreld sy god gemaak het en dit met ywer aanbid, sal soos 'n brandhout uit die vuur geruk word. Sy lewe mag verwoes wees en hy mag rook en stink soos 'n stuk hout wat half verbrand is. God maak daardie lewe weer reg in Christus. Baie jong mense het al die pad byster geraak, maar God bring hulle terug.

Ons moet steeds vashou aan Christus. Ons geloof in Hom moet nooit verflou nie. In alles wat ons doen, moet ons ywerig en getrou wees soos Moses.

Om weg te breek van jou geloof en jou kerk beteken om Christus vaarwel toe te roep en teen Hom en teen sy kerk en koninkryk te draai. Dit beteken om 'n aanhanger en aanbidder van die Antichris te word

9. HOFNI EN PINEHAS

BAIE keer dink kinders dat hulle ouers wreed is as hulle sekere dinge nie vir hulle toelaat nie. Soos byvoorbeeld om nie saam met sekere maats uit te gaan of om saam met sekere maats te gaan fliek nie. Hulle besef nie dat hulle ouers net die beste vir hulle in die oog het nie en dat hulle ouers nie graag wil hê dat hulle van hul lewens 'n mislukking moet maak nie. Ouers doen dit omdat hulle hul kinders liefhet en weet dat slegte maats hulle kan verlei en dat hulle dan nie van hulle lewens 'n sukses sal maak nie.

Eli het egter nie veel aandag aan sy twee seuns Hofni en Pinehas se opvoeding gegee nie. Hulle het maar 'n swak opvoeding gehad en in die meeste gevalle gemaak soos hulle wou. Pa het miskien gepraat en in sommige gevalle self gedreig, maar verder as dit het dit ook nie gekom nie. Laat die ou kêrel maar praat. Wie luister tog in elk geval na hom? Al sy gepraat beteken tog niks nie. Jy sluit maar net jou ore daarvoor en maak asof jy dit nie hoor nie.

Die spreekwoord sê nie verniet, buig die boompie terwyl hy nog jonk is nie. 'n Boom wat ook nie gesnoei word nie, word 'n lelike boom. Later word dit 'n boom wat swak vrugte ook nog dra. Eli het egter nie die snoeimes ten opsigte van sy twee seuns gebruik nie.

Daarom het hierdie twee seuns in die eerste plek nie veel vir die Here en sy belange omgegee nie. Hulle harte het nie juis gebrand van liefde vir God en sy saak nie. 'n Mens kan dit natuurlik ook verstaan. As hulle nie veel vir hulle pa omgegee het nie en nie na hom wou luister nie, hoe sou hulle dan vir die Here omgee en na Hom en sy gebooie luister? 'n Kind wat nie veel vir sy ouers omgee nie gee ook nie veel vir die Here om nie. Christus sê aan ons dat die hoofsom van die Tien Gebooie is dat jy die Here moet liefhê met jou hele hart en siel en al jou kragte en jou naaste soos jouself. Maar as jy God nie liefhet nie, sal jy jou naaste ook nie liefhê nie. Die enigste vir wie jy dan liefhet, is jouself.

Gevolglik was Hofni en Pinehas twee selfsugtige kinders wat ook nie veel vir hulle medemens omgegee het nie. Hierdie swak karaktertrek wat hulle pa maar ooglopend toegelaat het, kom dan ook later in hulle lewe tot uiting met rampspoedige gevolge vir hulle pa, hulleself en hulle hele volk.

Die wet van Moses het noukeurig bepaal watter deel van die vleis die priester by elke offer moes kry (Lev. 7:31 – 35). Dit was 'n ruim porsie van die vleis wat hulle vir hulle kon geneem het. Die Here het gesorg dat sy priesters wat voltyds in sy diens gestaan het nie armoede en gebrek sou ly nie, omdat hulle nie soos die ander stamme 'n erfdeel verkry het nie. Hulle kon dus goed en ordentlik lewe, maar Hofni en Pinehas was nie hiermee tevrede nie. As priesters het hulle vir hulself meer vleis geneem as wat hulle toegekom het. Hulle het dus eintlik van God gesteel en Hom beroof. Hulle optrede en die lakse optrede van hulle pa, het daartoe aanleiding gegee dat die volk naderhand ook nie meer vir die Here omgegee het nie.

As die leiers van die volk dan nie eers vir die Here omgee nie, hoe kan 'n mens verwag dat die volk sal omgee. Teenoor hierdie goddelose optrede van sy seuns het Eli maar taamlik flou gestaan. Hy het wel 'n bietjie gepraat en gesê: "Kinders, dit is nie mooi dat julle so maak nie." Watter respek en agting sal 'n volwasse kind vir sy pa hê as hy nie eers na hom luister terwyl hy nog klein is nie.

Kinders het respek vir ouers wat ferm en met gesag optree as dit nodig is. Eli het hulle seker maar ook gewaarsku soos hy gedoen het toe hulle nog kinders was, maar verder as dit het dit ook nie gekom nie. Hy moes hulle ferm en beslis belet het by die offerdiens in die tabernakel. Die werk wat Hofni en Pinehas by die tabernakel gedoen het, was heilige werk. Hulle was mense wat voltyds in die diens van die Here gestaan het en deur hulle optrede moes hulle 'n voorbeeld vir die volk gewees het. Deur hulle selfsugtige optrede haal hulle die straf van die Here oor hulleself en die volk wat hulle gelei het. Israel word verneder soos wat 'n volk maar verneder kan word. Hulle word deur hulle aartsvyande, die Filistyne verslaan.

Selfsugtigheid is 'n groot sonde, want dan dink 'n mens net aan jouself. Jy gee niks vir die Here om nie en 'n mens wat niks vir die Here omgee nie, gee ook nie 'n flenter vir sy medemens om nie. Daarom noem die Bybel vir Hofni en Pinehas deugniete. 'n Deugniet is iemand wat vir niks goed is nie.

Hierdie twee seuns wat in hulle optrede, beeld van Christus moes wees, het in hierdie geval heeltemal gefaal. Waar hulle gehoorsaam moes wees, was hulle ongehoorsame kinders. Stel daarteenoor Christus as die Gehoorsame wat in alles gehoorsaam was aan die bevele van sy Vader. Ons as kinders moet ook in ons lewens 'n voorbeeld stel deur ons gehoorsaamheid.

Dit is natuurlik nie aldag lekker om jonk te wees nie. Binne in jou is daar soms dinge wat jy nie kan verstaan nie. Die een dag loop jy miskien oor van lewensenergie en entoesiasme en ideale en net die volgende dag sit jy met 'n hele klomp twyfelgedagtes. Soms is daar 'n gevoel van minderwaardigheid en 'n gevoel dat jy 'n mislukking is. Jy kan ander mense nie verstaan nie en veral nie ou ouers nie. Dan begin jy in opstand kom. Daarom moet ons reeds van kleins af leer om te bid. Ons moet die Here krag vra dat Hy ons help dat ons gehoorsaam kan wees. Want hoe sê Samuel aan Saul? "Kyk, om gehoorsaam te wees, is beter as 'n slagoffer om te luister beter as die vet van ramme." God sê aan jou: "My seun, my dogter, gee My jou hart."

10. SAMUEL

HY was 'n besondere kind. Letterlik beteken Samuel se naam: "Deur God gehoor". Hanna, sy moeder, het self duidelik verklaar hoekom sy aan hom hierdie naam gegee het. By sy geboorte het sy gesê: "Ek het hom van die Here gebid." In Samuel se naam hoor ons dus van gebedsverhoring. God het geluister na 'n gebed. Dit is dan ook die stempel wat van jongs af op die lewe van Samuel gedruk word. Samuel se naam is die eerste skets wat ons van hierdie kindjie kry.

Hoe oud Samuel presies was toe sy moeder hom na die tabernakel in Silo gebring het, word nie in die Bybel genoem nie. Al wat die Bybel sê, was dat hy nog jonk was. Gewoonlik is 'n kind daardie tyd in Israel op driejarige leeftyd gespeen. Soos so baie kinders, wat reeds op sesjarige leeftyd moet koshuis toe gaan, moes Samuel reeds op 'n vroeë leeftyd van sy ouerhuis weggaan. Heel waarskynlik al op vyf- of sesjarige ouderdom.

By die tabernakel in Silo is hy in die hande en sorg van Eli gelaat. Eli moes hom grootmaak en opvoed. Onder die leiding van Eli word Samuel daar in die heiligdom grootgemaak en ingelei in die heilige dinge.

Hy is dus reeds van sy prille jeug af in die onmiddellike nabyheid van die heiligdom. Die mense van sy tyd sou seker gesê het dat Samuel nou op die regte plek is. Daar by die tabernakel waar

die priesters is en die Ark van die Here is, daar in die nabyheid
van die heilige dinge is daar nie so baie versoekinge vir 'n jong
seun nie, maar dit was juis waar die mense van Samuel se tyd die
groot fout gemaak het, want juis daar by die tabernakel was alles
nie pluis nie. Juis daar het die grootste versoekinge op Samuel
gewag. Daar het die gevaar bestaan dat hy die pad kon byster
raak en heeltemal kon afdwaal. Daar het hy elke dag die godde-
loosheid van die priesters Hofni en Pinehas, die seuns van Eli,
gesien. Hier moes hy aanskou hoedat hierdie twee seuns hulle
heilige amp nie waardig was nie, want deur hulle optrede was
hulle veragters van God en sy heilige dinge. Deur hulle optrede het
hulle gemaak asof daar nie 'n Here bestaan aan Wie hulle verant-
woording sal moet doen nie. Eerbied vir die heilige dinge het hulle
nie geken nie.

Vir 'n jong opgroeiende seun was hierdie dinge beslis nie tot 'n
voorbeeld nie. Selfs die optrede van Eli onder wie se sorg en
leiding Samuel groot geword het, was vir Samuel nie tot 'n voor-
beeld nie. Die optrede van sy seuns het Eli wel gehinder, maar
verder as dit het dit nie gekom nie. Hy het nie met hulle oor hulle
skandelike gedrag gepraat nie. Hierdie optrede van sy seuns was
tot 'n groot mate ook Eli se eie skuld. Hy het hulle nie streng
genoeg groot gemaak nie. Hy was miskien 'n goeie mens met 'n
sagte hart, maar ook dit het hom nie verontskuldig nie. Daarom
kan 'n mens verwag dat daar in sy opvoedingstaak nie veel invloed
op Samuel uitgegaan het nie.

Skaamteloos het die sonde in Samuel se omgewing geheers. So
jonk as wat hy was, het Samuel dan ook in baie opsigte alleen
gestaan. Hy was ver van die huis van sy vroom ouers wat hom
seker die regte opvoeding sou gegee het. Hy kon hulle slegs een
keer per jaar sien wanneer hulle hom kom besoek het. Samuel
was oop en bloot aan die genade van die duiwel en sy versoeking
oorgelewer. Dit sê baie van Samuel dat hy aan sy godsdiens
vasgehou het en die God van sy ouers en sy gebooie nie verlaat

het nie. Dit verbaas 'n mens eintlik dat hy nie in die versoekings van die sondige lewe by die tabernakel in Silo verval het nie.

Baie kinders het al by baie ligter versoekings tot 'n val gekom. Miskien sien jy op skool, by die bioskoop of op straat baie van hierdie sondes raak. Miskien is jy ook nog jonk en is jy alreeds in die koshuis. Daar is gedurig soos dit onder kinders gebeur, losbandige praatjies in omloop. Baie losbandige dinge word miskien deur jou gesien en gehoor. Die verleiding lok van alle kante. Om dan vas te staan en nie agter die stroom aan te gaan nie kos baie geloofsmoed. Alleen kan jy dit nie doen nie. Slegs jou geloof en jou liefde vir Christus kan jou dan help, maar dan moet jy bid vir krag om dit te kan teenstaan.

Die vraag sal natuurlik by jou ontstaan: Hoekom is die Christelike godsdiens dan die godsdiens van moenies? Gedurig word jy gewaarsku en gedurig word daar aan jou gesê jy mag nie dit doen nie en jy mag dat nie doen nie. Op bostaande wil ek antwoord dat die Christelike godsdiens nie 'n godsdiens van moenies is nie, maar jou hele optrede moet bepaal word deur een ding: Jou liefde vir Christus, as jy Christus waarlik liefhet, sal jy jouself eers afvra: Wil Hy hê dat ek na die of daardie partytjie gaan? Wil Hy hê dat ek aan allerhande goddeloosheid moet deelneem, dinge waardeur sy Naam en sy eer gelaster word?

Swak kerkbesoek, swak katkisasiebesoek, 'n gebrek aan ywer is altyd tekens dat daar met die liefde vir Christus iets skort. Samuel het God en sy gebooie liefgehad, daarom kon hy deur die genade van die Here vasstaan teen die versoekings.

11. DAWID

AS Dawid in een van vandag se hoërskole was, sou hy seker hoofseun gewees het, want hy het as kind al die kwaliteite gehad wat 'n hoofseun nodig het.

Ons lees dat Dawid 'n mooi seun was, dat hy 'n rooierig gelaatskleur gehad het, dat hy mooi oë gehad het en dat sy algemene voorkoms 'n goeie indruk gemaak het. 'n Dogter of 'n seun kan mooi wees, maar 'n onaangename, lelike geaardheid soos baasspelerigheid, hoogmoed en verwaandheid maak van 'n mooi kind 'n lelike kind.

Aan die anderkant maak 'n mooi, nederige, hulpvaardige geaardheid selfs van 'n dogter of seun wat nie uiterlik so aantreklik is nie, tog 'n mooi kind. Dit is dan ook dié kwaliteite wat Paulus later in sy brief aan die Gelate noem wat by die Christen aanwesig moet wees (Gal. 5:22). Die Adonisse en die Venusse van hierdie wêreld mag mense miskien met bewondering vervul, maar dit is daardie mense met hulle vriendelike aangename geaardhede wat 'n blywende indruk maak. Dawid was ook 'n intelligente seun met 'n goeie verstand. As dit nie die geval was nie sou hy later tog ook nie koning van Israel kon gewees het nie. Hy was in alle opsigte 'n leiersfiguur gewees. Natuurlik het hy alles wat hy gehad het van die Here ontvang. Dit was God gewees wat aan hom daardie goeie verstand gegee het. Elkeen van ons het nie eweveel verstand ontvang nie. Party het baie ontvang. Hulle is slim en hulle leer maklik. Ander het weer minder ontvang en leer moeiliker, maar God verwag dat ons dit wat ons van Hom ontvang het in sy diens sal gebruik. Ons moet die talente wat die Here aan ons gegee het gebruik en daarmee woeker en werk. Dit help nie net dat jy 'n goeie verstand van die Here gekry het en dit nie ook in God se diens gebruik nie.

Dawid het reeds as kind een kwaliteit gehad wat bo al sy ander kwaliteite uitgestaan het en wat hom ook tussen die mense van sy tyd as 'n besondere mens laat uitstaan het. Dit het van Dawid 'n rotsman gemaak, iemand wat in moeilike tye wanneer daar wanhoop en twyfel was, leiding kon gee. Daardie kwaliteit was sy geloof. Hoe pragtig kom sy geloof nie in sy Psalms wat hy gedig het uit nie. Sy geloof in God was so sterk dat hy 'n leeu of 'n beer aangedurf het wat die kleinvee van sy vader aangeval het. Sy geloof was so sterk dat hy die Filistyn Goliat wat God gevloek het, aangeval het en op sy plek gesit het.

Dawid was 'n dapper seun want hy het geglo dat God hom sal help. Dit maak nie saak hoe moeilik en hoe swaar die taak was wat voor hom gelê het nie. Die geloof, sê die Bybel aan ons, is deur die Here aan ons gegee (Ef. 2:8), maar daar is baie mense wie se geloof morsdood is. Hulle gebruik nie wat hulle van geloof geleer het nie. God verwag van ons dat ons, ons geloof moet gebruik. Ons geloof is egter soos 'n plantjie. Indien ons wil hê dat 'n plant moet groei en 'n mooi word, moet ons dit kos en water gee. Dit is die dinge wat aan die plant krag gee. Net so moet ons ons geloof voed, en het God die Bybel, die kerk, die sakramente (die doop en die nagmaal) aan ons gegee. Ons moet dit gebruik om ons geloof te versterk.

Julle kan maar oplet, mense wat wegbly van die kerk en miskien net sporadies kom, se geloof is swak. Dit is gewoonlik hierdie mense wat in swaar en moeilike dae in hulle lewens vra: Waarom? Hoekom? Daar is 'n verskil tussen geloof en gelóóf. Daar is 'n ware, egte geloof en daar is geloof wat nie so standvastig is nie. Wat is dan 'n ware geloof? Die brief aan die Hebreërs sê: (Hebr. 11:1) "Daar staan geskryf dat die geloof 'n vaste vertroue is op die dinge wat ons hoop en 'n bewys is van die dinge wat ons nie sien nie". Ons moet nie alles met ons verstand probeer uitredeneer nie, maar ons moet vas glo aan die dinge wat die Bybel aan ons sê en ons moet glo dat die Here Jesus ook my Verlosser is en dat Hy my lief het. Ons moet daarom nooit twyfel nie.

Hebreërs 2 noem Dawid 'n geloofsheld. Dit was Dawid se geloof wat in die eerste plek van hom so 'n uitstaande mens gemaak het. Ons kry 'n baie mooi voorbeeld hiervan aan die einde van I Samuel toe die Filistyne Dawid weggestuur het. Toe hy by sy woonplek Siklag teruggekom het, was sy vrou en kinders en al sy besittings weggevoer. Die manne wat saam met hom was, was terneergeslae. Hulle wou Dawid selfs doodmaak, maar Dawid was nie moedeloos nie. Hy het homself versterk in die Here sy God. Hy het gaan bid om krag en hy kon leiding neem in hierdie moeilike tyd.

Die skip waarop Paulus was, wou sink, maar hy het as gelowige aan die moedelose bemanning van die boot leiding gegee. Dit is juis die Christen se geloof wat van hom 'n besondere mens maak.

Die afgelope Wêreldoorlog het bewys dat die dapperste soldaat op die slagveld die gelowige soldaat is. Lees Hebr 11:32 – 38 en kyk wat het mense alles met hulle geloof gedoen. Die Here het aan ons geloof gegee en Hy wil nie hê dat ons dit net vir Sondag moet bêre of vir die dag wanneer ons in nood en benoudheid is nie. Ons moet nie dan eers onthou dat daar 'n Here is wat ons sal help nie. Ons moet nie dan eers kerk toe gaan en begin bid en Bybel lees nie.

As die Naam van die Here op die skoolgrond gelaster word, moet ons bereid wees om te praat. Ons moet bereid wees om te praat selfs as ons ongelowige onderwyser die Naam van die Here misbruik. Dit maak nie saak wat die gevolge daarvan is nie. God sal aan ons die krag daartoe gee en ons help. Dit is wat Dawid gedoen het. Hy het as jong seun Goliat aangedurf sonder om te dink wat die gevolge kon wees. Goliat was 'n reus van 'n man en selfs die grootstes en dapperstes onder Israel was vir hom bang, maar Dawid, die jong seun, was dapper, want hy het geweet God sal hom help. God help altyd as dit gaan om die eer van sy Naam.

12. ABSALOM

ABSALOM se vader het nie baie tyd tot sy beskikking gehad om aandag aan sy opvoeding te bestee nie. Sy vader Dawid was 'n baie besige man. Net so besig soos party van die besigheidsmense vandag wat gedurig van die huis weg is met vergaderings en byeenkomste.

Dawid het baie hooi op sy vurk gehad, want hy moes baie oorloë voer. Partykeer was hyself die aanvoerder en partykeer sy kommandant-generaal, Joab. Hy moes sy ryk versterk en verstewig teen die aanvalle van buite. Veral, die Filistyne, Israel se aartsvyande, moes op hulle plek gesit word. In daardie tyd het elke man ook nie maar net een vrou gehad nie. Dawid self het 'n hele klomp gehad. Altesaam het hy by sy vrouens negentien seuns gehad en by sy byvroue het hy ook nog 'n hele klomp kinders gehad. Dit is te verstane dat Dawid as hoof van die staat baie verpligtings gehad het en dat hy dus ook nie baie aandag aan sy kinders kon gee nie. Hy het dus as vader soms hulle opvoeding verwaarloos.

Absalom se opvoeding was grotendeels aan sy moeder oorgelaat, maar sy moeder was nie 'n Israelitiese vrou nie. Sy was Maäga, die dogter van Talmai, die koning van Gesur. Dit was 'n klein koninkrykie wat aan die noordekant van die meer van Genesaret gelê het. Absalom se moeder was 'n heidin toe Dawid met haar getrou het. Sy het nie veel van die God van Israel geweet nie. Wat sy geweet het, was seker maar wat sy gehoor en gesien het in Jerusalem by die diens aan die Here en wat sy heelwaarskynlik van Dawid gehoor het.

Soos dit maar in die meeste huisgesinne gaan, is pa bedags nie by die huis nie omdat hy moet werk sodat hulle kan leef. Dit is ma wat die kinders grootmaak en hulle hul lesse leer. Saans is pa meesal te moeg om baie aandag aan die kinders te bestee. Ma moet die kinders grootmaak as sy natuurlik self ook nie werk nie. In hierdie geval is die kinders dan oorgelaat aan die sorg van 'n bediende of nasorgsentrum, of aan kleuterskole in die geval van kleiner kinders.

Absalom het seker sy opvoeding van sy moeder ontvang, maar van 'n opvoeding in die godsdiens van Israel en in die vrese van die Here het daar heelwaarskynlik nie baie tereggekom nie.

Uit sy lewensgeskiedenis kom sekere trekke van sy karakter na vore wat miskien reeds by hom as kind aanwesig was, of sluimerend by hom was.

Hy was 'n mooi geboude seun met 'n pragtige bos hare wat later in sy lewe sy trots was. Oënskynlik het hy 'n aangename persoonlikheid gehad wat mense seker na hom getrek het en wat hulle seker van hom laat hou het. Verder het hy die kuns verstaan om met die heuningkwas te werk en ander mense te vlei en te prys. Daar is seker niks waarvan 'n ander so baie hou as dat jy hom moet vlei en prys en mooi dinge van hom moet sê nie. Dit is natuurlik reg so. God se Woord sê tereg dat ons goed van ons naaste moet praat. As ons niks goeds van hom of haar kan praat nie, moet ons liewer stilbly.

Absalom het net van sy medemens goed gepraat solank hy dit tot sy eie voordeel kon gebruik. As hy dit nie kon doen nie het hy ook nie veel vir sy medemens omgegee nie. Absalom was ook 'n intelligente seun gewees, maar sy groot probleem was dat hy so maklik kon haat en haat is 'n swak karaktereienskap. Dit is iets wat nie by die gelowige tuishoort nie. Deur haat en afguns word baie probleme in die wêreld teweeg gebring. Haat lei baie keer tot moord soos in die geval van Kain.

Verder was Absalom 'n baie eersugtige mens gewees. Hy het daarvan gehou dat mense agter hom moes aanloop en mooi dinge van hom moes sê. Hulle moes hom prys. Daarom wou hy so graag koning word. Absalom was egter nie iemand wat baie lief was vir die Here en sy gebooie nie. Vir God het hy nie veel omgegee nie. Hy het homself en sy eie belange liewer gehad as vir God. In sy hart was daar nie die vrese van die Here aanwesig nie. As hy God en sy gebooie lief gehad het sou hy nie later teen sy vader in opstand gekom het nie. Dan sou hy onthou het wat die Wet van die Here, die Tien Gebooie sê: "Eer jou vader en jou moeder..."

'n Swak en verkeerde opvoeding waar ouers nie sorg dat die kind die Here ken en vrees nie, kan so 'n kind se toekoms maak of breek. Dit gaan nie net om hierdie lewe en die sukses wat jy in hierdie lewe behaal nie. Baie ouers maak hulle kinders so groot asof alles net van hierdie lewe afhang. Skoolwerk en prestasies op sport- en akademiese gebied is soms baie belangriker as onderwysing in die vrese van die Here. Dit is soms 'n bysaak. Daar word nie besef dat die ewige dinge baie belangriker is as die tydelike dinge nie. Wat baat dit jou as jy die hele wêreld wen en jou siel verloor.

Daarom kan 'n swak en verkeerde opvoeding van 'n kind 'n mislukking maak. Hy mag miskien 'n groot sukses van sy lewe op aarde maak, maar ten opsigte van God is hy 'n mislukking. Absalom se lewe was 'n mislukking. Daarom sê God se Woord ook nie veel goeds van hom nie. Ons moet tog maar daarop let dat dit beter is as die wêreld jou slegsê en as jou maats nie van jou hou nie, omdat jy miskien nie so 'n ou "sport" is nie en aan al hulle dinge wil deelneem nie. Dit is baie beter om deur God as kind aangeneem te word as om 'n kind van die wêreld te wees.

13. REHABEAM

REHABEAM was 'n regte rykmanskind gewees. Sy vader Salomo was seker een van die rykste mense van sy tyd, Rehabeam het dus in weelde groot geword en hy kon seker alles kry wat sy hart begeer.

Die Here waarsku telkens in die Bybel teen te veel geld omdat te veel geld een van die struikelblokke kan wees in jou weg om die koninkryk van God te beërwe. Verder kan rykdom en weelde ook veroorsaak dat die Here hier op aarde nie deur jou geëer word soos wat Hy dit in sy Woord vereis nie.

Dit wil natuurlik nie sê dat rykdom 'n sonde is nie en dat die gelowige in armoede moet leef nie. Ons lees van heelparty persone in die Bybel wat ryk was soos byvoorbeeld Abraham en Job. Ons hoor ook in die Nuwe Testament van persone wat ryk was. Die groot gevaar van rykdom is dat dit tussen jou en God kan staan. Jy kan jou rykdom liewer hê as vir die Here. Dit kan vir jou 'n versperring word op die pad na die hemel soos in die geval van die ryk jongman in die Nuwe Testament.

Dit is nie altyd so dat rykdom die saak van die Here kan bevorder nie. In Rehabeam se geval het dit ook gebeur. Behalwe vir die feit dat Rehabeam alles kon kry wat sy hart begeer het, het daar ook baie aan sy opvoeding kortgekom, veral sy godsdienstige opvoeding. Hierdie swak opvoeding wat Rehabeam gekry het, het

KINDERS IN DIE BYBEL

alreeds by sy grootvader Dawid begin. Dawid was so 'n besige man dat hy nie baie tyd aan die opvoeding van sy kinders kon bestee nie. Die gevolg was dat party van sy kinders klaaglike mislukkings was. Rehabeam se opvoeding was tot 'n groot mate seker ook aan sy moeder oorgelaat en sy moeder was ook nie 'n Israelitiese vrou nie. Daarom het sy van die Here, die God van Israel, nie veel geweet nie. Ons kan dus aanvaar dat Rehabeam se opvoeding nie te godsdienstig was nie.

Ons weet nie of Rehabeam se vader Salomo, hom gewys het op die gevare van die hoflewe nie. As Salomo dit wel gedoen het, het hy dit alles weer bederf deur sy latere optrede toe hy van die Here weggedwaal het. Hy het alles bederf deur die voorbeeld wat hy aan sy seun Rehabeam gestel het. Die groot katastrofe in Rehabeam se lewe het gekom toe hy 'n jong man was. Hy was verantwoordelik vir die finale skeuring van die ryk van Israel in twee afsonderlike koninkryke. Dit kan tot 'n sekere mate ook aan sy opvoeding en die weelderige lewe waaraan hy gewoond was, toegeskryf word. Hy was slim genoeg om te weet dat as hy luister na die oudstes se raad en aan die volk belastingverligting gee, hy sy lewenstandaard sou moes verlaag. Hy sou die gordel 'n bietjie stywer moes trek en van sy weelderige lewe waaraan hy gewoond was, moes afsien.

Ons kan natuurlik sê dat die Here in die Bybel aan ons meedeel dat Hy die skeuring van die ryk lankal so bepaal het, maar ons moet altyd onthou dat die Here die mens geskape het as iemand met verantwoordelikheid. Hy is nie maar soos 'n pion wat God na hartelus rondskuif nie. Die mens is nie maar 'n speelding in die hande van die Here wat Hy plaas waar Hy hom wil hê nie. God het aan die mens vryheid gegee, daarom kan ons nie alle verantwoordelikheid vir die skeuring van die ryk op Rehabeam se skouers gaan afskuif nie.

Ons lees in die Bybel van God se berou. Die bekendste voorbeeld is die geval van Jona wat God na Ninevé stuur. Jona moes aan hulle God se Woord gaan verkondig. Die Woord van God wat Jona aan hulle moes gaan meedeel was: Bekering of vernietiging.

Toe hulle hul bekeer, lees ons dat die Here berou gehad het oor wat Hy gesê het dat Hy hulle sou aandoen.

Hierdie berou van God waarvan die Bybel praat, is nie dieselfde as die berou van 'n mens nie. Dit is nie die soort berou wat Dawid of Petrus gehad het nie. Wat dit eintlik beteken, is dat daar by God 'n verandering van gesindheid teenoor die mens intree as daar by die mens 'n verandering van gesindheid intree. Alhoewel die Here dit baie duidelik aan ons in die Bybel sê dat Hy dit so beskik het dat die ryk sou skeur, is dit tog opmerklik dat God Rehabeam voor 'n keuse stel. Hy kon die raad van die oudstes aanvaar het of hy kon dit verwerp het.

Die vraag wat ontstaan is, hoekom stel die Here Rehabeam dan eers voor 'n keuse? Indien die Here wou hê dat die ryk absoluut moes skeur, kon Hy dit tog gedoen het sonder om die raad van die oudstes aan Rehabeam, na vore te laat kom.

Dit is baie opmerklik in die Bybel dat God die mens se verant-woordelikheid nooit van hom wegneem nie. God stel die mens telkens voor 'n keuse. Hy het dit met Adam en Eva gedoen. Hy het dit met Abraham gedoen toe Hy van hom geëis het om Isak te gaan offer. Hy doen dit met elke gebod van die Tien Gebooie.

Natuurlik moet ons hier nie die uitverkiesing en verwerping uit die oog verloor nie, maar waar dit op aankom, is dat ons God nie verantwoordelik kan hou vir alles wat op hierdie aarde verkeerd gaan nie. Ons kan nie God verantwoordelik hou vir sonde nie. Net so min kan ons God aanspreeklik hou vir die skeuring van die ryk van Israel. God neem nie Rehabeam se verantwoordelikheid van hom weg nie. God gee aan hom nog die geleentheid om te kan red.

Rehabeam moes dus volle verantwoordelikheid vir die skeuring van die ryk aanvaar. Sy rykmansopvoeding en die feit dat hy nie bereid was om sy lewenstandaard te verlaag nie, was dan ook gedeeltelik hiervoor verantwoordelik. Vandag nog kom die Here en Hy stel ons voor die keuse, ook vir ons as kinders: Vir Christus of teen Christus. Daar is nie 'n goue middeweg nie. Deur sy Heilige Gees lei God sy kinders daartoe, maar die verkeerde opvoeding kan ons as kinders daartoe lei dat ons weg van God beweeg. Dit kan maklik gebeur as kinders net kry wat hulle wil hê. Hope sakgeld maar geen liefde en begeleiding nie en 'n swak en verkeerde opvoeding. Dit kan selfs daartoe lei dat die geskiedenis van 'n volk in 'n katastrofe kan verander. Ons moet steeds ons verantwoordelikheid teenoor God besef. Waar ons ook al is. Christus het reeds vir ons verantwoording aan die kruis gedoen. Ons verantwoordelikheid het Hy op Hom geneem en as ons pleit om vergewing deur Christus se bloed wil God ons aansien asof ons net so verantwoordelik is as Hy.

14. DIE DOGTERTJIE BY NAäMAN

ONS lees van haar in II Konings 5. Wat haar naam was, weet ons nie en ons weet ook nie presies hoe oud sy was nie. Al wat ons weet, is dat die Arameërs strooptogte in die land van Israel uitgevoer het en toe die dogtertjie as 'n gevangene weggevoer het. Blykbaar het dit daardie tyd ook maar gegaan soos dit vandag die geval is. Terroristebendes kom oor die grens, en voer van die bevolking weg.

Hierdie mense wat weggevoer is, is dan op die slawemark in Damaskus verkoop. Heel waarskynlik was die hoof van Naäman se huishouding ook die dag op die mark. Toe koop hy die dogtertjie om in Naäman se huis te gaan werk in diens van sy vrou. Is dit blote toeval dat sy in die huis van Naäman beland het en verantwoordelik was vir die verdere gebeure met Naäman? Ja, as jy dit bloot uit 'n menslike oogpunt beskou. As jy nie glo dat die Here die geskiedenis en die verloop van dinge beheer nie en ook mense in sy diens gebruik nie. Die Here het hierdie dogtertjie in sy diens nodig gehad en daarom het Hy haar in Naäman se huis geplaas.

Naäman was 'n belangrike persoon. Hy was hoof van die Aramese leër – die kommandant-generaal, maar generaal Naäman het 'n ernstige probleem gehad. Hy het aan een van die ergste siektes van daardie tyd gely, melaatsheid. Daar was in daardie tyd geen genesing moontlik nie. Elke melaatse het geweet dat hy een of ander tyd aan hierdie vreeslike siekte sal moet sterf. In hierdie vername huis in Damaskus leef almal onder druk. Dié aaklige siekte van Naäman plaas die hele gesin en ook die slawe in die huishouding in 'n gedempte stemming. Dit is asof die dood sy intrek in hierdie huis kom neem het.

In dié huis was daar wel een wat geweet het dat daar oorwinning oor siekte en dood kan wees. Sy sou dit heel waarskynlik nie geweet het op die manier soos ons dit hier stel nie. Sy het egter geweet van die profeet in Samaria wat kon genees. Behalwe dit het sy ook iets anders gehad wat Naäman nie gehad het nie.

Uit haar hele optrede is dit duidelik dat daar by haar geen wrok teenoor Naäman en die Arameërs is nie. Sy kon baie maklik gesê het: "Laat hom doodgaan. Hy is die vyand van my volk." Daar kon by haar haat gewees het teenoor hierdie man en sy volk. Sy was dan nog maar so klein. Sy was ver van haar ouerhuis en van haar volk. In haar kleinheid het sy seker ook verlang na haar pappie en mammie, boeties en sussies. Dalk het sy baie nagte met traan benatte oë gaan slaap met die wete dat sy haar ouers nooit weer sal sien nie. Op haar ouderdom werk 'n kind nog nie veel nie. Dan is die lewe mooi. Daar is nie so iets soos bekommernis nie. Die dae word met speel deurgebring, maar hierdie dogtertjie moes al op 'n baie vroeë leeftyd ophou om te doen wat kinders op haar leeftyd doen. In plaas van om te speel, moes sy werk. In die huis van Naäman was daar nie geleentheid om met poppe te speel nie. In haar kinderlike eenvoud kon sy dalk hierteen in opstand gekom het.

Inteendeel, in die enkele woorde wat sy praat in die Bybel, kom haar kinderlike opgewektheid en geloof te voorskyn omdat sy het geweet van die wonderlike profeet in Samaria. Hoe het sy van Elisa geweet? Baie maklik. Wanneer iemand wondertekens doen, kom hy baie gou onder die aandag van ander mense. Haar ouers sou tog sekerlik oor hom gepraat het. As gelowige Israeliete sou hulle seker gesê het dat Elisa die wondertekens nie uit eie krag doen nie. Dit is die God van Israel wat in hom werk en hom dit laat doen.

Hierdie dogtertjie het 'n groot vertroue in Elisa. In haar vertroue op die profeet kom egter ook haar vertroue in die Here, die God van Israel na vore. As sy sê dat Naäman maar net by die profeet in Samaria moet wees, bedoel sy daarmee dat die Here hom deur Elisa sal genees.

Dit is Evangelieverkondiging, die blye boodskap, dat daar by die Here genesing moontlik is. Sy profeteer van Christus wat eeue later sal kom om alle smarte te genees. Hierdie dogtertjie is 'n sendeling wat aan ander vertel van die Here. Sy kon natuurlik hierdie kennis van haar gebruik het om Naäman af te pers. "Neem my terug na my ouers en my land en ek sal aan u vertel hoe u gesond kan word." Sy het dit nie gedoen nie. Ons lees ook niks verder omtrent haar in die Bybel nie. Miskien het sy vir die res van haar lewe 'n slavin gebly.

Dit lyk na 'n tragiese verhaal en 'n mens se hart word week as jy aan hierdie arme ou dogtertjie dink, maar is dit werklik so 'n tragiese verhaal? Miskien as jy nie met die Here rekening hou nie, maar as jy God en sy manier van werk voor oë hou, begin dinge vir jou 'n ander perspektief kry. Die Here doen dinge op 'n heeltemal ander wyse as wat ons sondige mense dit sou doen. Dit is omdat ons medewerkers van Christus is.

Hierdie onbekende dogtertjie was 'n belangrike skakel in God se raadsplan. Deur haar wil die Here aan die heidene toon dat Hy magtiger as hulle afgode is. Naäman het dit later ook erken.

Daarom moet 'n mens jouself nie bejammer as jy eensaam en alleen ver weg van jou ouerhuis is nie. Om jou eensaamheid te vergeet, kan jy maklik die plesierplekke gaan opsoek en so van die Here vergeet. Of die Here kan jou aan 'n rolstoel of op 'n siekbed vaskluister. Daar is so baie ander plekke en situasies waarin jy kan beland.

Dan kan jy begin wonder wat die doel van alles is. Hoekom? Waarom? Die antwoord is dat jy 'n medewerker van Christus is en dat die Here jou juis daar plaas omdat Hy jou daar die beste kan gebruik. Daar kan jy die beste getuig vir die Naam en die eer van Jesus Christus. Daarvoor wil die Here ook kinders soos julle gebruik.

15. JOAS

JOAS het eintlik as 'n weeskind opgegroei. Sy vader Ahasia was 'n goddelose mens gewees, maar Joas was nog baie jonk toe hy gesterf het en daarom het hy nie sy verdorwe invloed ondervind nie.

Na sy vader oorlede is, het sy ouma, Atalia, besluit om die mag oor te neem. Om dit te kon doen, moes sy eers al haar kleinkinders doodmaak. Sy was 'n wrede ouma. Lees maar die geskiedenis in II Kronieke 22 – 24, maar die Here beskik dit so dat Joas gespaar bly omdat sy tante, Josabat hom geneem en weggesteek het. Dit klink nogal baie na die geskiedenis van Moses. Hierdie tante van hom was die vrou van die priester Jojada.

Hoewel Joas nie 'n moeder gehad het wat hom kon grootmaak nie, moes hy in die huis van sy oom en tante 'n goeie opvoeding gekry het. Hy het heelwaarskynlik die opvoeding gekry wat al die kinders van die Israeliete destyds gekry het, of in elk geval moes gekry het. Daar was destyds ook maar die ouers wat laks was, net soos vandag.

In die huis van sy oom en tante is Joas geleer wat die Here alles vir Israel gedoen het. Dit is by hom ingeprent dat hy die Here moet vrees en dien, dan sal dit met hom goed gaan. Joas was natuurlik 'n koningskind en een van die nageslagte van Dawid. Uit Joas se nageslag sou Christus eendag voortkom. Niemand het dit daar die tyd nog geweet nie, maar in die diens van die Here sou Joas se koningskap reeds 'n afbeelding wees van die koningskap van Christus.

Toe Joas sewe jaar oud was, word hy koning deur middel van 'n staatsgreep wat sy oom Jojada, die priester, uitvoer. Toe Jojada nog geleef het, was dit eintlik hy wat Joas gelei het en gehelp het om die land te regeer. Jojada het aan Joas gewys wat gedoen moet word en hoe dit gedoen moet word. Hy was feitlik in alle opsigte Joas se leermeester. In dié tyd het alles goed gegaan. Die volk het die Here gevrees en die diens van die Here by die tempel het weer sy normale gang gegaan.

Joas was egter nie 'n sterk persoonlikheid nie en eintlik ook geen werklike leier nie. Hy kon nie mense om hom vergader soos Dawid gedoen het nie. Hy was 'n besluitlose persoon. Hy was waarskynlik een van daardie tipe mense wat altyd sê: "Ek weet nie", wanneer jy hom vra wat nou gedoen moet word, of wat nou besluit moet word. Julle ken mos ook sulke mense. Daardeur wil hulle hul verantwoordelikheid van hulle afskuif en dit op ander mense laai. Ander mense moet vir hulle besluit.

So was Joas ook. Hy het maar toegelaat dat ander mense die besluite neem en dan het hy gedoen soos hulle besluit het. Of dit deels te wyte was aan die, feit dat Jojada aanvanklik al die besluite geneem het, weet ons nie. Miskien was dit te wyte aan die feit dat hy 'n weeskind was en tot 'n mate van sy lewensankers en sy ouerliefde weggeruk is. Dit alles beteken egter nie dat ons Joas kan verontskuldig nie. Joas het 'n goeie opvoeding gekry. Hy moes luister en doen en besluit en optree.

Toe sy oom Jojada geleef het en aan hom voorgesê het wat om te doen, het hy geluister. Hy het gedoen wat die Here graag van sy kinders verwag. Joas het die Here ook gedien, maar toe Jojada oorlede is, het Joas sommer heeltemal omgeswaai. Sy hele lewenshouding het verander. Die owerstes van Juda, die leiers yan die volk, het nie veel tyd gehad vir die godsdiens van Jojada nie en daarom ook nie veel tyd vir die Here nie. Na die dood van Jojada oorreed hulle vir Joas om weer die afgode te dien.

Hier was nou die geleentheid vir Joas om te bewys van watter staal hy gemaak is. Hier moes hy nou toon wat sy beginsels is, maar pleks daarvan dat Joas sy man staan en sê: "Nee, ons dien die Here", luister hy na die mense. Dit was mense na wie hy in die eerste plek nie moes geluister het nie. Hy moes nie sy ore vir hulle uitgeleen het nie.

Hoe baie keer gebeur dit nie in die geskiedenis nie. Dit gebeur amper elke dag. Kinders kry 'n baie goeie opvoeding. Hulle gaan gereeld saam met pa en ma na die kerk. Hulle doen wat Christus van hulle verlang. Of hulle dit vir die skyn doen solank hulle, onder pa en ma se vlerke is, weet 'n mens nie altyd nie, maar sodra hulle uit die ouerhuis gaan, verander hulle hele lewenshouding. Dan word alles vergeet. Dan luister hulle na verkeerde vriende pleks daarvan dat hulle hul man moet staan. Joas se uiteinde was tragies. In 'n geveg teen die Arameërs word hy swaar gewond en terwyl hy siek lê, kom van sy mense, daardie selfde vriende wat hom omgepraat het om die afgode te dien, en hulle vermoor hom.

Hierdie geskiedenis toon aan ons wat gebeur as jy nie self standpunt in die lewe wil inneem nie. Daar is geen goue middeweg wat jy kan volg nie. Daar is maar een van twee paaie. Vir Christus of teen Christus. Joas het sy opvoeding vergeet. Hy wou nie standpunt inneem nie. Joas het van God vergeet, maar die Here vergeet sy kind nooit nie. God vergeet ons vandag ook nie. Al dwaal jy op die verkeerde pad. Daar kom 'n dag dat God ingryp soos wat Hy in die lewe van die verlore seun ingegryp het. God kan dit op baie maniere doen. Hy kan dit doen deur die verskriklikste armoede oor jou te bring. Hy kan dit doen deur jou aan 'n hospitaalbed vas te kluister waar jy miskien genoeg tyd kan kry om na te dink. Dit is alles 'n bewys van die liefde van die Here. In plaas van voorspoed en geluk gee God teënspoed, omdat Hy jou nie vergeet nie en jou by Hom wil hê.

16. DANIëL

HY was nog baie jonk toe hy na Babel weggevoer is – hy was maar veertien jaar oud. 'n Mens kan jou nie indink wat alles in sy gemoed omgegaan het, toe hulle die lang tog van Jerusalem na Babel aangepak het nie. Ons weet nie eers wie sy ouers was nie.

By Daniël se aankoms in Babel, het hy dadelik probleme met sy godsdiens ondervind, want die Minister van Jeugsake in Babilon het van sy koning opdrag ontvang om te sorg dat die jong Joodse seuns heeltemal verbaboniseerd moet word. Hulle moes soos die Babiloniërs begin dink en doen. Daarom moes hulle die God wat hulle aanbid het, vergeet en die afgode van Babel begin aanbid. Hulle moes die Babiloniese manier van lewe begin aanvaar en vergeet dat hulle Jode was.

Daniël moes drie jaar onderrig word om in diens van die koning te treë. Hy moes die skrif en die taal van die Babiloniërs aanleer. Verder sou hy heelwaarskynlik wiskunde moes leer en dalk ook nog sterrekunde, want die Babiloniërs was groot sterrekundiges.

Daniël en sy drie vriende was belangrike persone omdat hulle afkomstig was uit die Joodse koningshuis. As die koning van Babel dit dus kon regkry om van Daniël en sy vriende Babiloniërs te maak, sou hy baie meer invloed op die Joodse volk hê. Hulle was die toekomstige leiers van die Jode.

Wanneer hulle die Babiloniese manier van lewe sou aanvaar, sou dit beteken dat hulle die ander Jode ook daartoe sou oorhaal. 'n Mens moet natuurlik agter die dinge baie meer sien as net die feit dat die Jode Babiloniërs moes word. Agter hierdie plan om van hulle Babiloniërs te maak, het die duiwel gesit. Hy het geweet dat Christus later uit die Joodse volk gebore sou word. As die Joodse volk Babiloniërs word, sou daar nie meer 'n Joodse volk en dus ook geen Christus wees nie.

Die duiwel stel baie belang in die jeug. Hy werk ook graag met die jeug, want wie die jeug aan sy kant het, het reeds ver gevorder. Die jeug is meer buigsaam as grootmense. Hulle kan ook makliker opgesweep word. Hulle het nog nie lewenservaring nie, daarom is hulle baie meer vatbaar vir iets nuuts. Die jeug hou van verandering. Tradisies is iets wat vir hulle outyds is.

As die jeug sover gebring kan word om die kerk as iets vaal en droog te beskou, sal die kerkdeure tog een of ander tyd in die toekoms gesluit moet word. God sal nie meer aanbid word nie. Hy sal vergeet word. Dit is wat die duiwel baie graag wil hê.

Juis daarom moet Daniël in Babel 'n modelopvoeding geniet. Die fondament moet goed gelê word. Daarom moet daar heeltemal met die verlede gebreek word. Daniël moet vergeet dat hy ooit 'n Jood was. Hy moet vergeet van sy volk se geskiedenis en van hulle God wat hulle so getrou gelei het. Gevolglik word sy spyskaart, dit wat hy sal eet en drink, ook verander. Dit het natuurlik nie beteken dat Daniël dit lekker sou hê en 'n weelderige rykmanslewe in die paleis sou gaan geniet nie. Hierdie was alles maar net planne wat sy Edele die Minister van Jeugsake, Aspenas, gemaak het om van Daniël 'n goeie Babiloniër te maak. In die toekoms moes hy tot nut en voordeel van Babel ingespan word. Hy moes Babel se saak bevorder.

Aan die ander kant het dit beteken dat die ouderwetse spyswette van die Jode afgeskaf moes word. Daniël sou met die gewoontes van sy volk en met hulle godsdiens moes breek. Daardie outydse gewoontes en tradisies moes hy laat staan. Die tyd het nou aangebreek dat hy 'n moderne jong mens moet word.

Daniël was egter 'n harder neut om te kraak as wat die Minister van Jeugsake gemeen het. Toe Daniël nog in Palestina as kind gewoon het, is sy fondament stewig gelê. Hoekom het Daniel dan die lekker kos van Babel laat staan? In Babel het die godsdiens die mens se hele lewe beheers. Elke maaltyd het die karakter van 'n heilige maaltyd gehad. Elke maaltyd was aan afgode gewy. Hier het die reël gegeld: Of jy eet en of jy drink, doen dit tot eer van die gode van Babel. Ons sou sê: Dit is maar net 'n klein dingetjie. Wat is kos nou? Wat is dans? Wat is disco? Wat is 'n popmusiekparty-tjie? Jy kan mos daaraan meedoen en nog jou identiteit as 'n Christen behou. Jy hoef nie jou beginsels en jou godsdiens prys te gee nie. Vir Daniël is dit belangrik. Want as hy nou ontrou is in dit wat die Here van hom eis, sou hy dit jare later ook nie saam met die leeus in die leeukuil uitgehou het nie.

Iemand wat in klein dingetjies nie getrou is nie, kan in die groot dinge ook nie getrou wees nie. As jy daardie klein dingetjies wat die Here van jou eis, nie getrou doen nie, sal jy ook nie bereid wees om op die brandstapel of voor die vuurpeleton te sterf vir jou geloof nie.

Jou geloof is nie iets wat jy in 'n laai wegbêre en net Sondae te voorskyn bring nie. Jy aanbid nie net Sondag in, die kerk nie. Jy doen dit ook daar in jou slaapkamer. Ook daar by die skool. As jy jou daar weerhou van vuil praatjies en van vuil dinge, sal jy soos 'n rots staan wanneer die tyd van storms aanbreek. Jy moet nie dink dat jy getrou sal wees en vas sal staan wanneer jy na die leeukuil gesleep word, terwyl jy slap en lou is ten opsigte van jou lewe nie. Dit help nie dat jy Bybelkunde op skool neem en dan ontrou is ten opsigte van jou kerkbesoek nie. God vra getrouheid in alles.

17. JESUS

DAAR in Nasaret het Hy opgegroei saam met sy broers en sus-
ters. Sy broers se name was Jakobus, Joses, Judas en Simon
(Markus 6:3). Hy het susters gehad, maar ons ken nie hulle name
nie. Toe Christus ses jaar oud was, is Hy volgens die gewoonte van
daardie tyd seker ook skool toe gestuur. Hierdie skool was eintlik
'n soort van 'n "kerkskool" omdat dit baie nou verbonde was aan
die sinagoge.

In die meeste van die Joodse skole van daardie tyd was die
koster van die sinagoge die onderwyser. Hy het plat op die vloer
gesit en die kinders het in 'n kring rondom hom gesit. Sodra 'n
kind in die skool gekom het, moes hy eers die letters van die
Hebreeuse alfabet leer om sodoende te kon leer lees. Wanneer
hulle dit geken het, het hulle begin om die Ou Testament te
bestudeer.

Sodoende het hulle die boeke van die Ou Testament een vir een
bestudeer en 'n deeglike kennis daarvan opgedoen. Daarom ver-
baas dit ons nie dat mense soos Mattheus, Johannes, Petrus en
Paulus aanhalings uit die Ou Testament kon maak nie. Deur hulle
skoolopleiding het hulle die Ou Testament geken.

Die tyd het vir Jesus in Nasaret dan rustig verloop. In die week
was dit skool en die rustige lewe van die week is elke sewende dag
deur die Sabbatdag onderbreek. Dan het Jesus saam met sy ouers

na die sinagoge gegaan om daar te luister na die Woord van die Here. Jesus was elke Sabbatdag in die sinagoge (Lukas 4:16).

Behalwe die weeklikse sabbatte was daar die jaarlikse feesdae waarvan die Paasfees die belangrikste was. Josef en Maria het soos getroue Israeliete elke jaar met die Paasfees na Jerusalem gegaan. Sodra 'n kind twaalf jaar oud was, is hy as oud genoeg beskou om saam te gaan na die tempel in Jerusalem. Daarom is Christus op twaalfjarige leeftyd deur sy ouers saamgeneem na Jerusalem toe hulle weer gegaan het om die Paasfees te vier.

Met Paasfees het Jerusalem gewoonlik gekrioel van mense. Daar word beweer dat daar in Christus se tyd soms twee miljoen mense met die Paasfees in Jerusalem was. Gewoonlik het die fees sewe dae geduur waarvan die eerste drie dae die belangrikste was.

Hier in die tempel was daar blydskap in Jesus se hart, want hier het alles gespreek van sy Vader wat Hom gestuur het. Hier het Israel hulle diens aan sy Vader beoefen en hulle het hul offers gebring. Hulle is geseën en vanuit die tempel het hulle gebede en lofsange opgestyg. In die tempel kon Jesus alles vergeet en besig wees met die wil van sy Vader.

By die groot feeste was dit die gewoonte dat een van die beroemde rabbi's by die poorte van die tempel gaan sit het en aan elkeen wat wou luister, onderrig gegee het in die geheime van God. So het Christus by een van die leermeesters gaan sit. Vir Hom was dit nie te veel moeite nie. Hy het liewer hier gesit as om saam met sy maats te speel.

By Jesus was daar die allesoorheersende begeerte om besig te wees met die dinge van sy Vader. Vir Hom was hierdie katkisasie nie te veel nie. Hy het dit geniet. Dit was nie vir Hom iets waarteen Hy opgesien het nie. In die tussentyd was die fees besig om verby te gaan. Josef en Maria het begin oppak en huis toe gegaan saam met al die ander mense. Aanvanklik het hulle hul nie gesteur aan die feit dat Jesus nie by hulle was nie. "Miskien is Hy maar tussen al die ander mense by sy maats," het hulle gedink. "Hy sal wel vanaand, as ons stilhou om te slaap, na ons toe kom." Teen die aand het Hy nie opdaag nie en hulle begin bekommerd raak. Daardie nag het hulle byna nie 'n oog toegemaak nie, omdat hulle baie bekommerd was oor Jesus.

Vroeg die volgende oggend is hulle terug na Jerusalem en daar kry hulle Hom tussen al die rabbi's. Maria was verlig, maar sy was baie verontwaardig. "Hoekom maak jy so? Ek en jou pa was baie bekommerd oor jou en ons het oral na jou gesoek." 'n Ma maak mos so. Maria het egter een ding vergeet. Sy het vergeet wat twaalf jaar gelede gebeur het toe die engel aan haar verskyn het. Sy het vergeet Wie hierdie Kind is. Hy was nie maar net hulle Kind nie. Hy het 'n Vader in die hemel aan Wie Hy ook gehoorsaam moet wees. "U moet tog nie so bekommerd wees nie. U weet mos dat Ek in die huis van my Vader moet wees. U behoort te weet dat Ek anders as ander mense is." As dit 'n ander kind was, sou sy ouers hom of haar seker die leviete voorgelees het. Want by 'n ander kind sou hierdie hele houding, deur nie saam terug te gaan huis toe nie, as stoutigheid bestempel gewees het.

Jesus se antwoord aan Maria het haar dadelik laat besef waarom dit gaan. Jesus gaan nie verder as hierdie antwoord nie. Hy maak nie soos sommige kinders wat miskien direk aan hulle ouers sou gesê het dat hulle bekrompe is en dat hulle hom nie eens 'n bietjie plesier gun nie. Christus het dadelik opgestaan en saam met sy ouers gegaan. Ons lees niks daarvan dat Hy dikmond en nukkerig was nie. Die Bybel sê dat Hy aan hulle onderdanig was. Hy was gehoorsaam aan hulle ten spyte van die feit dat Hy as die sondelose seker ook hulle sondes en verkeerdhede ingesien het.

Hy verwyt nie vir Joses en Maria nie. Hy noem hulle nie eng en agterlik nie. Hy gaan terug en Hy help sy vader Josef, daar in die agterlike dorpie Nasaret, met sy timmermanswerk. Hy neig nie na die wêreld wat daarbuite lok en roep nie. Hy wil nie Homself handhaaf nie, want in Hom is daar die liefde, die ware, suiwere liefde. Dit is wat die Here vra. Liefde wat brand.

18. KINDERS WAT VERMOOR IS

ONS lees van hulle by die geboorte van Christus. Herodes sê aan die wyse manne dat hulle aan hom moet kom sê as hulle die Kindjie gevind het in Betlehem, want hy wil ook gaan om aan Hom hulde te bewys. Hy het natuurlik 'n leuen vertel omdat hy 'n heeltemal ander bedoeling gehad het. Sy bedoeling was om Jesus uit die pad te kry. Hy wou Hom doodmaak, want hierdie Koning van die Jode wat gebore is, het vir hom 'n bedreiging ingehou.

Hy het geweet van 'n Koning van die Jode wat een of ander tyd gebore sou word, omdat die Jode baie daarvan gepraat het. Hy het ook gehoor dat as die Koning gebore word, sou Hy wondertekens doen en die Romeine uit die land jaag. Diep in sy hart het Herodes hierdie dinge geglo en daarvolgens sy planne gesmee, maar Herodes het in sy planne die Here vergeet.

Deur middel van 'n droom waarsku die Here die wyse manne om nie na Herodes terug te gaan en aan hom te vertel van die Kindjie wat hulle gevind het nie. Na 'n tyd kom Herodes dan agter dat die wyse manne nie hulle belofte aan hom nagekom het nie. Dit skep vir hom 'n probleem want nou weet hy nog nie waar die Kindjie is en presies wie Hy is nie.

Herodes vind egter baie gou 'n oplossing vir sy probleem. Die wyse manne het natuurlik aan hom vertel van die ster wat hulle gesien het en wat hulle na die land van die Jode gelei het. Herodes het begin om berekeninge en sommetjies te maak en kom tot die gevolgtrekking dat die Kindjie nie ouer as twee jaar kon wees nie. Om die Kindjie uit die pad te kry is nou geen probleem meer nie, al weet hy nie wie Hy is nie. Hy laat doodeenvoudig net alle seuntjies van twee jaar en jonger in die omgewing van Betlehem doodmaak. Een van hulle moet die Koning van die Jode wees. Herodes was 'n persoon wat hom nie deur so iets soos moord laat terugdeins het nie. Hy het nie veel van 'n gewete gehad nie. So word die swaarde van sy soldate met die bloed van weerlose kindertjies bevlek. In Betlehem word nou nie meer engelesange en "Ere aan God" gehoor nie. Daar is nou 'n hartverskeurende geween van moeders wat moet aanskou hoe hulle tere babatjies vermoor word deur wrede soldate.

Nou gaan in vervulling wat Jeremia eeue vantevore geprofeteer het: "'n Stem is in Rama gehoor: rouklaag en geween en groot gekerm; Ragel ween oor haar kinders en wil nie vertroos word nie....". Rama is 'n klein dorpie naby Betlehem en volgens oorlewering is die graf van Ragel naby Rama. Daar is nie net weeklaag en geween in die jaar 2 nC by Betlehem nie, want in hierdie profesie van Jeremia hoor ons ook die klanke van hoop. Direk na hierdie woorde van hom sê die profeet: "So sê die Here: Bedwing jou stem van geween en jou oë van trane; want daar is loon vir jou arbeid, spreek die Here; en hulle sal uit die land van die vyand terugkom."

Die kindermoord in Betlehem lyk vir ons na 'n vergeefse en wrede daad. Klein kindertjies moet sterwe in die plek van 'n ander Kindjie. Mensekinders moet sterwe in die plek van God se Kind sodat Hy gered kan word en kan lewe. Tog was hierdie moord nie tevergeefs nie, want deur hierdie moord sal God ook 'n ryke beloning teweegbring.

Een en dertig jaar later sterf God se eie Kind weer in die plek van hierdie kindertjies wat in Betlehem en omstreke vermoor is. Christus het nie net vir grootmense aan die kruis van Golgota gesterf nie. Hy het ook vir kinders gesterf. Sy lewe is by Betlehem behou en gered sodat Hy later in Jerusalem sy offer kon gee.

Hierdie kindertjies is ter wille van Hom geoffer sodat Hy Homself later ook vir kinders kon offer. Hy het geleef om later aan die kruis sy eiendom, wat ook kinders insluit, te kan red uit die hand van die duiwel.

Daarom mag kinders ook met hulle probleme na Jesus gaan. Hulle mag voor Hom neerbuig en Hom aanbid. So het God die weeklaag en die trane van Betlehem verander in 'n gejuig en gejubel waarin die helder stemme van kinders ook gehoor mag word. Jesus het ook vir kinders gesterf en Hy het ook kinders lief.

19. DIE KINDERTJIES WAT NA JESUS GEKOM HET

ONS kry in Mattheüs 19 die verhaal van die kindertjies wat na Jesus gekom het. Voor hierdie kindertjies na Hom kom, voer Jesus 'n gesprek oor die huwelik, dit wil sê hoe die toestande by die huis is. Hoe tree ma en pa en kinders teen mekaar op? Hierdie gesprek vind plaas na aanleiding van die Fariseërs wat Christus wil versoek. Hulle vra aan Hom of dit geoorloof is vir 'n man om oor allerhande redes van sy vrou te skei.

By egskeiding is dit natuurlik altyd die kindertjies wat die swaarste kry. Daarom sien ons ook in hierdie kindertjies die lyding van die Here. Hy laat hulle na Christus kom juis direk na die gesprek oor die moeilikhede en probleme van die huwelik. Hoe sou die ou kinderogies nie gestraal het toe hulle moeders aan hulle vertel het dat hulle na Jesus toe gaan nie. Van Hom het hulle al gehoor. Hy is mos daardie groot Man wat siek mense gesond maak. Hy laat selfs dooies lewendig word en as 'n mens lam is, moet jy net na Hom gaan. Ewe vrolik staan hulle daar rondom Jesus. Hulle is vol afwagting want Hy gaan met hulle praat, maar dan kom daar 'n paar mans met kwaai gesigte wat hulle wegjaag.

Hulle hoor hoe hierdie mans aan hulle moeders sê: "Julle moenie nou hier met julle kinders kom staan en pla nie. Jesus is baie besig en Hy het nie tyd om nog aan julle kinders aandag te gee nie. Neem die kinders weg want hulle is in die pad. Hy kan nie nou aan hulle aandag skenk nie"

Christus weet presies wat sy dissipels besig is om te doen. Kinders is nooit in sy pad nie. Hy het genoeg tyd om ook aan hulle aandag te skenk. Daarom neem Hy sy dissipels dit kwalik dat hulle die kindertjies wegjaag. Hy het nie net vir grootmense gekom nie. Hy het ook vir kinders gekom.

Sy antwoord aan sy dissipels is: "Laat die kindertjies staan en verhinder hulle nie om na My toe te kom nie, want aan sulkes behoort die koninkryk van die hemele." Wat bedoel Jesus met hierdie woorde? Een ding is dadelik duidelik en dit is dat die koninkryk van die hemele nie onvoorwaardelik aan elke kind behoort nie. Elke kind word nie sommer maar net deel van die koninkryk van die hemele nie. Daar is kinders aan wie die koninkryk van die hemele nie behoort nie.

Ons moet mooi luister na Christus se woorde. Hy sê nie: "aan hulle behoort die koninkryk van die hemele" nie asof Hy alle kinders daarmee bedoel nie. Hy sê aan "sulkes". Daarmee bedoel Hy dat die koninkryk van die hemele behoort aan elkeen wat soos 'n kind is. Hiermee wil Jesus vir die groot mense wat daar rondom Hom staan iets leer.

'n Mens moet soos 'n kindjie wees. 'n Kindjie is iemand wat glo en vertrou. Hy vra nie waar pa of ma môre gaan kos kry vir hulle om te eet of klere vir hulle om aan te trek nie. Hy bekommer hom nie eers daaroor nie, want hy weet mos pa en ma is daar. Hulle sal daarvoor sorg. Jesus wil hiermee sê dat elke grootmens en ook elke kind net soos 'n kindjie moet vertrou op ons Vader wat in die hemel is. Ons moet ons nie bekommer nie want Hy sorg vir ons.

Nou ontstaan die vraag natuurlik aan watter kinders die koninkryk van die hemele dan behoort? Dit is daardie kindertjies wat in Jesus glo en wat op Hom vertrou al verstaan en begryp hulle nog nie presies wat geloof en vertroue beteken nie. Daar is beslis kinders wat nie in Jesus glo nie en wat niks met Hom te doen wil hê nie. Hulle verkoop vuil en morsige praatjies by die skool. Sondag word hulle nie in die kerk gesien nie en ook nie by die katkisasie nie. Hulle bly maar weg omdat hulle dit vervelig vind. Hulle vind dus vir Jesus vervelig.

In die koninkryk van die hemele is daar plek vir kinders, want daardie helder kinderogies wat Christus aangestaar het, daardie sagte kinderhande wat hulleself so vol vertroue na Hom uitgestrek het, het Jesus ontroer.

Kinders kan die liefde van Jesus soms soveel beter en suiwerder aanvoel as grootmense. Omdat Christus ook vir kinders gekom het, wil Hy ook graag luister na die kinderstemme. Hy wil graag luister na die gebede van kinders wat in eenvoud uitgespreek word. Hy wil hê dat kinders met hulle helder stemme sy lof en eer moet besing, daarom mag ouers nie hulle kinders van die kerk weghou nie. As ouers dit doen, is dit die taak van die kinders om hulle aan te spoor. "Want ons gaan tot die Here bid en ons gaan vir Hom sing. By die katkisasie gaan ons van Hom leer."

20. DIE BLINDE KIND

IN Johannes 9 lees ons van 'n man wat blind was van sy geboorte af. Hy kon dus reeds as klein kindjie nie sien nie en het in 'n donker wêreld van sy eie geleef. Hoe die wêreld rondom hom gelyk het, het hy nie geweet nie. Hy kon maar net raai. Oral waar hy gegaan het, moes hy maar tas en voel. In die dae van Christus was daar nie baie medelye en meegevoel met 'n blinde nie. Hy is beskou as iemand wat benede die ander mense was omdat hulle geglo het dat hy nie nuttig was nie.

So byvoorbeeld kon hy nie eens die wapen opneem en sy land help verdedig nie. Daar was nie die fasiliteite wat ons vandag het vir blindes, waardeur hy homself kon bekwaam en vir homself sorg nie, daarom was hy daartoe gedwing om te bedel om 'n bietjie voedsel of klere in die hande te kry.

Vir 'n bedelaar was daar nie baie simpatie nie. Selfs vandag nog het ons nie veel medelye en simpatie met 'n bedelaar nie. Hy word verag in die samelewing. In daardie tyd is die bedelaar nog meer verag as vandag, veral die blinde bedelaar. Volgens die Jode was lyde en swaarkry 'n straf van die Here op een of ander sonde wat jy gedoen het. As julle die boek Job lees, sal julle sien dat Job se vriende ook so gedink het. Hulle sê dat hy een of ander sonde gedoen het. Daarom kry hy so swaar want die Here straf hom nou.

Die Jode het geglo dat die ouers van 'n blinde kind een of ander sonde gedoen het en daarom straf die Here nou hulle kinders. Hulle doen dit na aanleiding van die tweede gebod wat sê dat die Here die misdade van die vaders besoek aan die kinders tot in die derde en die vierde geslag. Hulle het ook geglo dat die kind reeds voor sy geboorte een of ander sonde gedoen het en dat die Here hom nou straf. Mense het in daardie tyd so min medelye gehad met 'n blinde dat hulle hulself vermaak het met sy onbeholpenheid. Teenoor hierdie onbarmhartige optrede tree die Here streng op. In Levitikus 19:14 sê die Here dat jy 'n dowe nie mag vloek nie en voor 'n blinde geen struikelblok mag lê nie.

Hieruit kan ons sien hoe wreed en onbarmhartig mense kon wees. Die lewe van 'n blinde in daardie tyd was dus 'n moeilike lewe. Hy was 'n minderwaardige wese met wie almal gespot het. Jy kan jou voorstel hoe dit met hierdie blinde kind gegaan het. 'n Kind kan soms wreed wees in sy spot en hy kan hom baie maklik vermaak met die leed van sy medemens. Voor hierdie blinde kind het hulle seker allerhande dinge geplaas sodat hy daaroor moes struikel en val en dan het hulle lekker gelag as hy weer moes sukkel om op te staan. Ons kan ons ook voorstel wat in die gemoed van so 'n blinde kind moes omgegaan het. Hy het seker eensaam, verstote en verlate gevoel. Nêrens was daar vir hom enige medelye of meegevoel by sy medemens nie. Hy was iemand wat net in die pad was. Hy het seker gevoel God het hom ook buitendien verstoot en verlaat, soos die mense sê. Baie nagte het hy homself seker aan die slaap gehuil. Hy het geglo God ken hom dan nie eers nie, hier op aarde is sy lewe 'n hel en sy uiteinde sal ook die hel wees.

Die dag toe hy egter as volwassene in die strate van Jerusalem gesit en bedel het, het hy die wonderlikste woorde gehoor wat hy nog ooit in sy lewe gehoor het. Daar het 'n klompie mense rondom hom gestaan en iemand met die naam Jesus het gesê: "Hy het nie gesondig nie en sy ouers ook nie, maar die werke van God moet in hom openbaar word." Dit was iets wat hy nog nooit gehoor het nie.

Altyd moes hy maar gehoor het van sy sonde en die blindheid as straf op sy sonde. Dadelik het hy verstaan. God het my nie verlaat nie en God het my nie verstoot nie. Die Here is nog altyd by my. Die Here wil my gebruik. Dit moes seker vir hom te wonderlik gewees het.

'n Mens se hart word week as jy deur die kinderhospitale stap en ou klein kindertjies daar sien lê wat swaarkry en pyn ondervind. Jy kan die pyn op die gesiggies sien. Dan wonder jy, wat is die doel van alles? Dat 'n grootmens kan ly en swaarkry kan jy nog verstaan. Die leed van hierdie kindertjies lyk vir jou wreed. Totdat jy die woorde van onse Here Jesus onthou wat Hy aan sy dissipels gesê het: "… die werke van God moet in hom openbaar word". Dan word alles meteens duidelik.

As jy dan wonder hoekom jy blind of doof is of hoekom jy in 'n hospitaalbed moet lê of in 'n rolstoel die res van jou lewe moet deurbring, moet jy weet: Die Here doen dit omdat Hy jou wil gebruik.

Hoe wil die Here my dan gebruik? Hoe kan God my, 'n arme swak sieklike mens gebruik? Hy wil hê dat jy deur jou glimlag en deur jou vriendelikheid en opgewektheid, alhoewel jy miskien pyn het, mense na Hom moet trek. Jy moet daardeur toon dat jy in die Here glo. Dit laat mense dink oor hulle eie omstandighede. Hulle besef dat hulle soveel voorregte het, hulle is gesond en in plaas van dankbaarheid is hulle ondankbaar. So kan jy deur jou siekte en swaarkry 'n instrument in die hand van die Here wees om mense nader na Hom te trek.

21. TALENTVOLLE KINDERS

DIE gelykenis van die talente in Matteüs 25 vertel aan ons van drie diensknegte wat elkeen 'n aantal talente van hulle baas ontvang het. Die eerste een het vyf gekry, die tweede een twee en die derde een. Met hierdie geld moes hulle woel en werk en dit vermeerder.

Met hierdie gelykenis wil Jesus aan ons toon dat elke mens een of ander talent van die Here ontvang het. Dit hoef nie noodwendig geld te wees nie. Dit kan verstand wees of dit kan wees dat iemand baie prakties met sy hande is, maar ons het hierdie talente ontvang en ons moet dit gebruik in diens van die Here.

Hierdie gelykenis is nie net op grootmense van toepassing nie. Dit het op elkeen betrekking of hy nou groot of klein, oud of jonk is. Dit het betrekking op alle kinders, ook kinders wat nog op skool is, want elke kind het van die Here sekere talente ontvang. Die talente wat jy ontvang het, is miskien jou goeie verstand. Dit kan wees dat die Here jou geseën het om baie prakties met jou hande te wees. Die een kind mag miskien baie slim wees en baie maklik leer. Die ander kind het miskien baie minder verstand ontvang en hy of sy leer weer baie moeilik. Die een kind is miskien meer aangelê in tale of geskiedenis of iets dergeliks. Die ander kind is miskien aangelê in 'n wetenskaplike en wiskundige rigting, terwyl 'n ander hom meer tuis voel in 'n tegniese rigting.

Uit die gelykenis van die talente is dit baie duidelik dat die baas van wie hier gepraat word, Jesus Christus is en dat die diensknegte van wie hier gepraat word, ons is. Dit is ook baie duidelik dat Jesus eendag van ons rekenskap gaan eis ten opsigte van die talente wat Hy aan ons toevertrou het. Verder is dit ook duidelik dat ons hierdie talente so moet gebruik dat die Naam van ons Here Jesus daardeur verheerlik en geprys word.

Die bedoeling van Jesus is natuurlik nie dat elkeen van ons 'n predikant of onderwyser of prokureur of dokter moet word nie, want dan sou die meeste mense vandag in armoede en ellende gesit het. Daar sou nie mense gewees het wat byvoorbeeld vir ons huise kon bou, of voertuie kon maak of busse kon bestuur of iets dergeliks gedoen het nie.

Een noodsaaklike vereiste vir die verkondiging van die Evangelie van Christus is dat daar rus, vrede, en orde in hierdie wêreld moet wees. 'n Honger mens wat in vodde geklee is, gaan tog nie na die Evangelie luister nie. Daar moet eers in sy noodsaaklike behoeftes voorsien word. Sy gedagtes gaan nie by die Evangelie wees nie, maar sy belangrikste gedagte gaan wees om voedsel vir sy liggaam in die hande te kry of klere om homself mee te bedek. Eers as hy dit het en hom nie daaroor hoef te bekommer nie, sal hy na die Evangelie luister. Trouens die apostel Jakobus sê dit in sy brief.

Daarom moet daar ook sulke mense wees soos wetenskaplikes, ekonome, boere, sweisers, vissers, verpleegsters, onderwysers, mynwerkers en nog baie ander. Elke kind in die Westerse wêreld het vandag die geleentheid om te leer en te studeer en 'n sukses van sy toekoms te maak. Elke kind het die geleentheid om te woeker met die talente wat die Here aan hom of haar gegee het. Niemand kan kla dat daar nie vir hom of haar 'n moontlikheid bestaan om met hulle talente te woeker nie.

Daar is baie kinders wat vandag hulle talente in 'n sweetdoek begrawe en dit nie gebruik nie. Dit is tog baie lekkerder om vry te wees, om te gaan swem, om te gaan bergklim of om los te kom van die skool en die onderwysers. Dit is lekkerder om jou eie baas te wees. Heeltemal vry. Jy kan jou partykeer so vererg vir die onderwyser en dan nog al daardie ou klomp huiswerk vanmiddag. Daar is soveel ander dinge wat jy so graag liewer sou wou doen. Jy sal liewer bioskoop toe wil gaan of met jou stokperdjie besig wees.

Wat is nou die gevolg hiervan? Sodra jy sestien is of Graad tien behaal, gaan jy miskien uit die skool. Jy gaan werk in 'n winkel agter die toonbank of jy word 'n vragmotorbestuurder. Jy dink jy is vry. Jy kry mos geld. Nou is jy jou eie baas. Niemand het meer enige sê oor jou nie, maar jy vergeet een ding. Jy vergeet dat die tyd nie stilstaan nie. Elke dag van jou lewe is jy 'n dag ouer. Daar kom 'n dag dat jy wil trou en 'n huisgesin wil hê en dan vind jy uit dat jy dit nie met jou salaris kan bekostig nie. Jou salaris het bly stilstaan. Jy het nie bevordering gekry nie omdat ander met beter kwalifikasies, die bevordering voor jou weggeraap het.

Daar is baie grootmense wat al aan my gesê het hoe bitter spyt hulle vandag is dat hulle nie na hul ouers en onderwysers geluister het nie. Hoe bitter spyt hulle is dat hulle nie in die skool gebly en geleer het nie. Hulle wil dan weet hoekom hulle ouers hulle nie gedwing het om in die skool te bly en verder te leer nie. Spyt is 'n goeie ding maar dit kom altyd te laat. Moenie julle talente in 'n sweetdoek begrawe nie.

22. 'n KONING BY DIE KINDERS

DIT was die Maandag voor die kruisiging. Die vorige dag, die Sondag het Jesus op 'n esel Jerusalem binnegery en toe het die skare geroep: "Hosanna! Geseënd is Hy wat kom in die Naam van die Here." Hulle was baie opgewonde want in hulle harte het daar nog altyd die verwagting geleef dat daar 'n Koning sou kom wat die Romeine uit die land sou verdryf en van hulle 'n vry volk sou maak. Hulle het gemeen dat Hy as Koning gekom het om hulle van die gehate Romeine te verlos, maar hulle het vergeet dat 'n Koning nie op 'n esel ry nie, maar op 'n perd.

Die eintlike betekenis van die woord "Hosanna" is "help tog." Die woorde wat die skare hier gebruik is gedeeltelik ontleen aan Ps. 118:25 en 26. In Psalm 118 is hierdie woorde 'n vreugderoep. Wanneer hulle dus hierdie woorde teenoor Jesus gebruik, beteken dit eintlik: "Hoera vir Jesus!" Onder hierdie skare wat so geskree het en so bly was, was daar heelwat kinders. Hulle het gesien en gehoor hoe die grootmense te kere gaan en skree. Die volgende dag, die Maandag, was daar van hierdie kinders in die tempel. Hulle was in die voorhof van die tempel. Nou was Jesus hulle held, want hulle het net soos hulle ouers gemeen dat Hy die land van die Romeine gaan verlos.

Wat hulle daar in die voorhof van die tempel gedoen het, weet ons nie. Die Bybel vertel dit nie aan ons nie, maar daar was 'n bedrywigheid want later in die week sou die Paasfees gevier word. Daar is gekoop en verkoop omdat die Jode hulle tempelbelasting slegs met Joodse geld moes betaal. Verder kon die mense uit die noorde baie moeilik 'n lam vir die Paasfees saambring, daarom is daar lammers vir hulle gerief in die tempel verkoop.

Dalk was hierdie kinders saam met hulle ouers daar, want daar was baie mense uit die noorde van die land en hulle het seker maar die kinders saamgeneem oral waar hulle in Jerusalem gegaan het. Of hulle was dalk daar uit nuuskierigheid soos kinders maar maak? Nee, hulle was nie daar uit nuuskierigheid nie. God het hierdie kinders met 'n doel daar saamgebring sodat vervul sou word wat Dawid eeue vantevore geprofeteer het. In Psalm 8 het Dawid geprofeteer dat die Here uit die mond van kinders en suigelinge vir Hom sterkte gegrondves het. Daarom herhaal hierdie kinders ook op die Maandag voor die kruisiging die woorde wat hulle ouers die vorige dag met die intog uitgeroep het. "Hosanna!" "Hoera vir Jesus!" Christus as Koning meng nie net met die hoogstes en vernaamstes nie. Hy jaag nie kinders van Hom weg nie. Hy wil graag ook luister na die stemme van kinders. Hy is juis arm gebore sodat die geringste en die nederigste ook kan weet dat Hy hulle Koning is. Ja, sodat kleuters en kinders ook kan weet dat hulle na Hom kan gaan en dat Hy hulle nie sal wegjaag nie. So staan Hy dan as Koning tussen die kleinstes, die kleuters.

Wanneer die kinders sing, sê Hy nie aan hulle dat hulle moet stilbly nie. Hy jaag hulle nie weg en sê dat hulle in die pad is nie. Hy het geen beswaar teen hulle gesing nie, want hulle hosannaroep, die feit dat hulle roep: "Hoera vir Jesus!" beteken vir Hom hulde. Dit beteken hulde wat die leiers van die volk nie aan Hom wil bring nie. Dit is hulde en eer aan Hom, die Koning van alle Konings. Dit is 'n offerande wat hierdie kleintjies aan Hom bring. Dit is die offerande van hulle lippe, want hulle het niks anders wat hulle aan Hom kan gee nie.

Elke kinderstem wat tot die Here sing is soos 'n geskenk uit sy groot skepping. Dit is vir die Here aangenaam om ook te luister as kinders sing. Hy wil graag hê dat kinders ook moet sing, want Hy is nie net die Koning van grootmense nie, maar Hy is ook die Koning van kinders.

23. PAULUS

PAULUS se naam was ook Saulus. Saulus is 'n Joodse naam en beteken "die begeerde". Paulus is die Latynse vorm van die naam Saulus en hierdie naam beteken letterlik "die kleine". Of Paulus werklik klein van gestalte was, weet ons nie.

Hy is in Tarsus gebore, min of meer in die jaar 2 na Christus. Heelwaarskynlik het hy later in sy lewe ook vir Jesus gesien en gehoor. Sy vader was afkomstig uit die stam van Benjamin. Heelwaarskynlik het Paulus se ouers een of ander tyd van Palestina na Tarsus getrek. In die dae van Paulus was Tarsus 'n baie belangrike handelstad. Dit was 'n hawestad waar allerhande skepe aangedoen het. Seker ook maar soos ons hawestede van vandag, waar 'n mens allerhande soorte mense en karakters sien.

Behalwe die feit dat Tarsus 'n hawestad was, het die grootpad uit die Ooste deur die stad gegaan. Karavane van kamele en esels vol handelsware gelaai uit die Ooste het in die stad aangedoen met die gevolg dat Tarsus 'n redelike besige stad in daardie tyd was. In Tarsus is daar nie net handel gedryf nie, daar is ook baie aandag aan die geleerdheid gegee.

In die tyd van Paulus was daar in Tarsus 'n Griekse universiteit. In Tarsus het die mense egter nie net geleer nie. Hulle het ook aandag aan hulle godsdiens gegee, want daar was heidense tempels in die stad. Verder was daar ook die opelugteaters waar allerhande opvoerings gehou is. Ons moet onthou dat die mense in daardie tyd nog nie bioskope gehad het nie. Alles wat die Grieke dus gesoek en bewonder het, was in Tarsus te vind. Al hierdie dinge moes seker 'n diep indruk op Paulus gemaak het. Dit is tog onmoontlik om 'n jong seun van hierdie dinge weg te hou. Paulus moes natuurlik skoolgaan soos ons reeds in die gedeelte oor Jesus gesien het. Hier moes hy die Joodse gewoontes en gebruike en ook dit wat die ou profete gesê het, leer.

In sy ouerhuis het hy heelwaarskynlik Aramees gepraat omdat dit die taal was wat die Jode in daardie tyd gebruik het, maar wanneer Paulus met sy maats gespeel het, moes hulle Grieks praat, want die meeste van sy maats was seker jong Grieke gewees. Al was hulle dalk van 'n ander nasionaliteit sou hulle Grieks met mekaar moes praat om mekaar te verstaan, want Grieks was in daardie tyd die wêreldtaal. As jy Grieks kon praat, kon almal jou verstaan.

Soos die gebruik in daardie tyd was, moes Paulus ook een of ander werk met sy hande leer doen sodat hy later vir homself kon sorg. In Tarsus is daar in daardie tyd veral weefwerk gedoen met bokhare. Daarom is dit vanselfsprekend dat Paulus ook as kind hierin opgelei moes word. As gevolg hiervan kon hy in later jare, soos ons in die Bybel lees, vir homself sorg met die maak van tente.

Op twaalfjarige leeftyd stuur sy vader hom na Jerusalem waar hy by 'n getroude suster van hom loseer. Hier gaan hy skool by die beroemde rabbi Gamaliël. Dat Paulus nie sy tyd verspeel het nie, maar goed geleer het, blyk uit sy sendbriewe. Alles dui daarop dat hy 'n geleerde man was. Hy het die Joodse gebruike en veral die wet goed geken. Hy sê dit self in Galasiërs 1:14: "... dat ek in die Jodedom vooruitgegaan het bo baie van my leeftyd onder my stamgenote...."

Daar is mense wat wil beweer dat Paulus se bekering op pad na Damaskus 'n plotselinge bekering was, maar uit sy lewensgeskiedenis as jong seun blyk dit dat die Here hom toe al voorberei het om hom in Sy diens te gebruik. Hy is toe al voorberei vir die taak wat op hom wag om as apostel van die heidene op te tree, want hy kon die Griekse taal goed lees, skryf en praat.

Juis hierdeur was hy dan so uitnemend in staat om die Evangelie oor die hele wêreld uit te dra. As mense dus aan jou sê dat jy jou moet bekeer en die dag en die uur van jou bekering kan aanwys, moet jy hulle wys op Paulus. Hulle sal jou natuurlik ook wys op Paulus se plotselinge bekering, maar jy kan hulle daarop wys dat Paulus se bekering in werklikheid tog nie so plotseling was nie. Christus het persoonlik aan hom verskyn nadat die Here Paulus reeds in sy kinderjare voorberei het vir sy taak.

Uit Paulus se lewe sien ons dat ons nooit mag wonder en vra wat die doel van die Here met ons lewens is nie. Met elkeen van ons se lewens het die Here 'n doel. Hoe snaaks die verloop van jou lewe ook al mag wees. Die Here plaas jou soms in 'n siekbed of 'n rystoel omdat Hy weet dat jy daarvandaan Hom beter kan dien, of die Here maak miskien van jou 'n groot sportman of sportvrou. Hy doen dit juis om jou so in aanraking met ander mense te bring sodat jy daar ook sy Naam kan verheerlik.

Miskien het die Here aan jou baie verstand gegee sodat jy goed kan studeer en miskien is jou ideaal om 'n groot wetenskaplike te word. Onthou net dat die Here jou daar ook wil gebruik. Jy moet gedurig besef dat alles wat jy van die Here ontvang, net genade is. As jy dit besef, sal jy weet dat die Here jou wil gebruik waar Hy jou plaas.

24. TIMOTEüS

HY was nie een van daardie sterk, gespierde, atleties geboude seuns nie. Hy was maar 'n tingerige, swak en sieklike kind. Hy was een van daardie kinders wat kort-kort griep kry of een of ander kindersiekte. As gevolg van sy tingerigheid was hy baie makliker vatbaar vir siektes as ander kinders.

Heelwaarskynlik as gevolg hiervan was Timoteüs 'n bedeesde en teruggetrokke kind. Hy was nie een van daardie soort kinders wat in die grootmense se geselskap kom sit het en aandag gesoek het nie. Hy was ook heelwaarskynlik bangerig van geaardheid omdat die bullebakke hom miskien afgeknou en gespot het. Waar ander kinders hulleself sou laat geld en baklei vir hulle regte, het hy maar liewer teruggestaan - partykeer selfs wanneer dit nood-saaklik was dat hy na vore moes kom en homself moes laat geld.

Timoteüs het in Listre in die Klein-Asiatiese landstreek Lycao-nië gewoon. Die gesin moes in die dorp en in die omgewing seker goed bekend gewees het. Dalk was sy moeder of sy heidense vader leidende figure in die dorp gewees. Sy vader was 'n Griek van wie ons nie veel weet nie. Nêrens word iets van hom vertel nie en ons kan aanneem dat hy 'n heiden was wat die Christelike geloof nie aanvaar het nie. Heelwaarskynlik het hy vroeg gesterf en moes Timoteüs vaderloos grootgeword het, maar die Here het dit so beskik dat sy moeder Eunice en ook sy grootmoeder Lois gelowige Christenvroue was.

Deur die werking van die Heilige Gees het hulle die verkondiging van die evangelie van Christus gehoor en dit aanvaar. Van hulle het Timoteüs sy opvoeding ontvang. Reeds van kleins af het hulle gesorg dat Timoteüs 'n goeie opvoeding kry.

So sien ons in die lewe van Timoteüs die Hand van die Here. 'n Mens hoef nie liggaamlik sterk te wees en 'n gespierde atleet te wees om deur die Here gebruik te word in sy diens nie. In Timoteüs se geval sien ons wat die Here bedoel as Hy aan Paulus sê dat sy krag in swakheid volbring word. Sieklike mense en liggaamlik swak persone kan ook krag uitstraal. Meestal straal daar meer krag van hulle uit as van sterk en gesonde mense. Sterk en gesonde mense wil graag die lewe geniet met die gevolg dat hulle nie baie tyd het vir die saak van die Here nie. Daarenteen kan swak en sieklike mense nie altyd die lewe geniet nie. Hulle kan nie na die plesierplekke gaan waar sterk en gesonde mense gaan nie. Daarom hoef niemand agteruit te staan en te sê: "Ek is te swak nie." "Ek is te sieklik, my gesondheid laat dit nie toe nie." God wil juis mense met 'n swak gesondheid en kinders met 'n swak gesondheid in sy diens gebruik.

Ons sien ook dat Timoteüs 'n gelowige kind was wat gehoorsaam was. Hy was nie 'n ontembare wilde kind wat altyd net sy eie kop wou volg nie, want ons lees in die Bybel dat Timoteüs reeds van kleins af die Heilige Skrif ken (II Tim. 3:15).

Dit sê alreeds baie aan ons omtrent Timoteüs se geaardheid. Hy was 'n kind gewees wat graag geleer het. Van die geleenthede wat hy gehad het, het hy gebruik gemaak. Party kinders is mos anders. Hulle moet gedwing word om te leer en as die geleentheid homself voordoen, draai hulle stokkies, maar Timoteüs het die verstand wat die Here aan hom gegee het, benut. Ten spyte van sy swak gesondheid het hy die geleenthede wat hy gekry het, deeglik gebruik. Hy het alles geweet omtrent die Bybel. Alles wat 'n Joodse kind van sy tyd moes weet. Juis as gevolg hiervan kon die Here hom goed in sy diens gebruik en kon hy 'n groot hulp vir Paulus wees. Hy kon ook baie van die werk van Paulus se skouers af-neem. Timoteüs se lewe sê aan ons dat elkeen van ons die ge-leenthede wat die Here aan ons gee moet benut en gebruik. Daar is so baie wat die pragtigste geleenthede kry en dit deur hulle vingers laat glip. God wil elke mens in sy diens gebruik. Dit maak nie saak of jy so sterk en gespierd soos Simson is nie of so swak en tingerig soos Timoteüs nie. Daarom moet jy ook die geleenthede wat die Here aan jou bied met albei hande aangryp en dit benut, want dan word jy 'n krag van God.

Wanneer dit lyk asof die hele lewe om jou wil ineenstort en wanneer mense beangs vra: "Wat nou?" kan jy sterk staan en 'n getuie vir Christus wees. Dan kan jy leiding gee. God wil jou in jou swakheid gebruik.

www.ingramcontent.com/pod-product-compliance
Lightning Source LLC
Chambersburg PA
CBHW071832020426
42331CB00007B/1696